Duden

SMS

Schnell-Merk-System

Deutsch Grammatik

5. bis 10. Klasse

Duden Schulbuchverlag

Berlin · Mannheim · Leipzig · Wien · Zürich

Inhaltsverzeichnis

1 Wort und Wortform

Bausteine unserer Sprache

Wörter sind Bausteine, aus denen wir Sätze bauen. Einzelne Wörter im Satz werden, wenn wir schreiben, durch den Wortzwischenraum voneinander getrennt.
Ein Wort kann im Satz an verschiedenen Stellen eingesetzt werden. Je nachdem, an welcher Stelle im Satz es steht, kann dasselbe Wort unterschiedliche Formen haben. Man unterscheidet dabei zwischen der **Nennform** und den **übrigen Wortformen.**

Nennform:
(der) Turm
übrige Wortformen:
(des) Turm**es**
(dem) Turm
(den) Turm
(die) T**ü**rm**e**
(der) T**ü**rm**e**
(den) T**ü**rm**en**
(die) T**ü**rm**e**

Wortstamm

Jedes Wort hat einen Hauptbestandteil, der im Wesentlichen nicht verändert wird: den Wortstamm. Dieser Wortstamm trägt die eigentliche Bedeutung eines Worts.

schreib- bei schreiben · **spring-** bei springen · **les-** bei lesen · **schlaf-** bei schlafen · **freund-** bei freundlich

Wortform

Es gibt unveränderliche Wörter (z. B. *und, auf, über*) und eine Vielzahl von Wörtern, die ihre Form je nach Stellung im Satz verändern. Diese Formveränderung nennt man **Flexion.** Die unterschiedlichen Wortformen werden auch **Flexionsformen** genannt. Sie zeigen bestimmte grammatische Merkmale eines Wortes an (gebeugte oder gesteigerte Formen, Pluralformen) und machen die Beziehungen zwischen den einzelnen Wörtern in einem Satz deutlich.

Das sind die T**ü**rm**e** des Doms.

Der Umlaut ***ü*** *und die Endung* ***-e*** *drücken aus, dass das Wort Turm im Nominativ Plural steht, das bedeutet, dass der Dom mindestens zwei Türme hat.*

Deklination

Die **Formveränderung von Substantiven, Adjektiven, Artikeln** und **Pronomen** nennt man Deklination. Bei der Deklination unterscheidet man:

- **Genus** (Geschlecht: männlich, weiblich, sächlich),
- **Numerus** (Einzahl, Mehrzahl) und
- **Kasus** (Fall: Nominativ, Genitiv, Dativ und Akkusativ).

der Baum · die Blume · das Haus

das alte Haus · die alten Häuser

das Haus – des Hauses (Genitiv, Singular)
die Häuser – den Häusern (Dativ, Plural)

Konjugation

Die **Formveränderung von Verben** heißt Konjugation. Man unterscheidet nach:

- **Numerus** (Person, Zahl),
- **Tempus** (Zeit),
- **Genus Verbi** (Handlungsart: Aktiv, Passiv ↑ S. 32 ff.) und
- **Modus** (Aussageart: Indikativ, Konjunktiv ↑ S. 37 ff.).

Numerus:
ich sage (Singular) · wir sagen (Plural)

Tempus:
wir werden sagen (Futur)

Genus Verbi:
es wird gesagt (Passiv)

Modus:
sie hätten gesagt (Konjunktiv)

Steigerung

Die Steigerung ist eine besondere Art der **Formveränderung bei Adjektiven** (und einigen Adverbien).
Es gibt drei Steigerungsstufen:

- den **Positiv** (Grundstufe),
- den **Komparativ** (Höherstufe) und
- den **Superlativ** (Höchststufe).

Positiv	Komparativ	Superlativ
groß	größer	am größten
warm	wärmer	am wärmsten
alt	älter	am ältesten
viel	mehr	am meisten

Wörter lassen sich anhand bestimmter Merkmale in Klassen einteilen, die man Wortarten nennt. Es gibt flektierbare und nicht flektierbare Wortarten, also Wortarten, die nicht gebeugt werden können.

Flektierbare Wortarten

- **Verben,**
- **Substantive,**
- **Adjektive,**
- **Artikel** und
- **Pronomen.**

Nicht flektierbare Wortarten

- **Adverbien,**
- **Präpositionen,**
- **Konjunktionen** und
- **Interjektionen.**

Flexion bzw. flektieren ist der Oberbegriff zu Konjugation bzw. konjugieren und Deklination bzw. deklinieren.

Konjugation

Nach
- Person und Numerus,
- Tempus,
- Handlungsart und
- Modus

können **Verben** verändert werden.

Deklination

Nach
- Kasus,
- Genus und
- Numerus

können verändert werden:
– **Substantive,**
– **Adjektive,**
– **Artikel,**
– **Numerale,**
– **Partizipien** und
– **Pronomen.**

Bestandteile von Wörtern

Laute, Silben und Buchstaben

Laute (das, was mit dem Gehör wahrgenommen werden kann) und **Silben** (die zu einer klanglichen Einheit zusammengefassten Laute) sind die Bausteine der gesprochenen Sprache.
Buchstaben sind die Bausteine der geschriebenen Sprache. Eine Folge von Buchstaben ergibt ein geschriebenes Wort.

Aus 3 × a, 2 × n und 1 × s wird Ananas.

Buchstaben	A · P · F · E · L · B · A · U · M
Wortteile	Apfel · Baum
Silben	Ap – fel – baum
Vokale	**A**pf**e**lbaum a (1 ×) · e (1 ×)
Diphthong	Apfelb**au**m au (1 ×)
Konsonanten	A**pf**e**lb**au**m** p (1 ×) · f (1 ×) · l (1 ×) · b (1 ×) · m (1 ×)

Vokale

Hauptbestandteil einer Silbe ist ein volltönender Laut, den man als **Vokal** (Selbstlaut) bezeichnet. Die Veränderung bzw. Aufhellung von Vokalen bezeichnet man als **Umlaut.** Doppellaute, die aus zwei Vokalen gebildet werden, nennt man **Diphthonge** (Zwielaute).

entsprechende Buchstaben für
Vokale:
a e i o u
Umlaute:
ä ö ü
Diphthonge:
ei (ai) au eu äu

Konsonanten

Vor oder nach dem Vokal stehen meist andere Laute, die mit dem Vokal gemeinsam klingen. Man nennt solche Laute Konsonanten (Mitlaute).

wiedergegeben mit den Buchstaben:
b, c, d, f, g, h, j, k, l, m, n, p, q, r, s, t, v, w, x, y, z und ß

Wortteile

Wörter setzen sich aus Wortteilen zusammen. Man unterscheidet:

- **Stamm,**
- **Präfix** (Vorsilbe),
- **Suffix** (Nachsilbe) und
- **Flexionsendung.**

Vorsilbe	Stamm	Nachsilbe	Flexionsendung
un	klar		
	klär		t
Ver	klär	ung	
un-er	klär	lich	e

Neben sprachlichen Zeichen, Buchstaben, Silben und Lauten gibt es auch Wörter, die eine Bedeutung haben. Wörter dienen dazu, die Wirklichkeit zu erfassen, zu gliedern und zu ordnen.

Ober- und Unterbegriffe

Oberbegriffe klassifizieren eine Art, Unterbegriffe sind Beispiele für diese Art.

Oberbegriff	Unterbegriff
Nahrungsmittel	Obst · Gemüse · Getreide
Werkzeug	Hammer · Nagel · Feile
Möbel	Bett · Stuhl · Tisch
Bildungseinrichtung	Kindergarten · Grundschule · Hauptschule · Realschule · Gymnasium · Berufsschule · Universität · Volkshochschule · Abendakademie

Ein Wort – ein Ding

Jedes Wort, jede Buchstabenkombination, die gesprochen oder geschrieben wird, ruft im Kopf des Lesers bzw. Hörers ein bestimmtes Bild hervor, die sogenannte Assoziation. Genau diese Vorstellungen von einem Gegenstand machen Kommunikation erst möglich.

Aufgepasst: Die in einem Wörterbuch erklärten Bedeutungen von Wörtern sind jeweils nur die rein begrifflichen Dinge (denotative Bedeutung).

Sommer	→	Jahreszeit
Weihnachten	→	christliches Fest

Bilder im Kopf

Was aber kommt dir in den Sinn, wenn du das Wort Sommer oder das Wort Weihnachten hörst? Bestimmt fallen dir gleich die langen Ferien ein und damit all die Dinge, die du mit den Ferien verbindest. Die Gefühle und Empfindungen, die ein Wort in deiner Vorstellung weckt, nennt man Konnotation oder die konnotative Bedeutung eines Wortes.

Sommer → Ferien – Urlaub – Eiscreme – Sonne – Badesee · Weihnachten → Geschenke – Schnee – Weihnachtsbaum – Christkind

Wortfelder

Wörter, die inhaltlich eng benachbart oder sinnverwandt sind, bilden ein Wortfeld.

sagen – reden – sprechen – behaupten – meinen – befehlen · antworten – entgegnen – erwidern – Auskunft geben

Aufgepasst: Wörter, die fast die gleiche Bedeutung haben und dadurch untereinander austauschbar sind, heißen **Synonyme.**

hasten – eilen · trödeln – bummeln

Gleichklinger

Es gibt Wörter, die gleich klingen, die aber zwei verschiedene Bedeutungen haben. Man nennt sie **Homonyme.**

Ball:	Spielzeug · festliches Ereignis
Bremse:	Insekt · Fahrzeugbremse
Hahn:	Tier · Wasserhahn
Birne:	Obst · Glühbirne
Schloss:	Bauwerk · Türverschluss

2 Verben

Verben lassen sich nach verschiedenen Merkmalen unterscheiden:

nach Bedeutungsgruppen

- **Tätigkeitsverben**
arbeiten · besuchen · hören · schreiben · malen · lesen · schreien · lernen · sehen · essen · werfen · waschen

- **Vorgangsverben**
einschlafen · wachsen · sinken · fallen · regnen · verblühen

- **Zustandsverben**
bleiben · besitzen · liegen · wohnen · erstarren · leben · lieben · glauben · enthalten · ähneln

nach ihrer Selbstständigkeit

- **Vollverben** (↑ S. 13),
- **Hilfsverben** (↑ S. 14),
- **Modalverben** (↑ S. 14).

nach ihrer Verbindung mit anderen Wortarten

- **transitiv** (↑ S. 33, 76),
- **intransitiv** (↑ S. 33, 77),
- **reflexiv** (↑ S. 33).

Verben allgemein

Ein Verb bezeichnet immer eine Handlung, einen Vorgang oder einen Zustand.
Für alle Verben gilt:

- Sie werden kleingeschrieben.
- Sie können konjugiert werden.

abbiegen · spielen · aufwachen · lernen · wohnen

Infinitiv

Verben haben eine **Nennform** oder **Grundform;** sie wird **Infinitiv** genannt.
Aufgepasst: Alle Verben haben im Infinitiv die Endung *-[e]n*. Wenn du bei einem Verb die Infinitivendung wegstreichst, erhältst du den Wortstamm.

Infinitiv: les**en**
Endung: -en
Wortstamm: les-
Infinitiv: sammel**n**
Endung: -n
Wortstamm: sammel-

Vollverben

Alle Verben, die im Satz sinnvoll allein stehen können, sind Vollverben.
Im Unterschied dazu gibt es auch sogenannte Hilfsverben, die gemeinsam mit einem Vollverb im Satz stehen (↑ S. 14).
Aufgepasst: Eine Besonderheit stellen die **modifizierenden Verben** (↑ S. 14) dar. Sie sind gleichlautend mit Vollverben und immer mit einem Infinitiv mit *zu* verbunden.

lesen · lieben · sehen · fordern

Das Experiment schien zu glücken.

Hilfsverben

Hilfsverben dienen dazu, bestimmte **Zeitformen** (↑ S. 18 ff.) und das **Passiv** (↑ S. 32 ff.) zu bilden.
Die Verben ***sein, haben*** und ***werden*** bezeichnet man als Hilfsverben, wenn sie zur Bildung zusammengesetzter Verbformen herangezogen werden.
Aufgepasst: Die Wörter *haben, sein* und *werden* können auch selbstständig als Vollverb (↑ S. 13) auftreten.

Die Schüler **sind aufgewacht.**

Die Kinder **haben geschlafen.** · Heute **sind** sie aber sehr früh **aufgewacht.**

Ich **habe** keine Zeit. · Gestern **waren** wir im Kino. · Sie **wird** Lehrerin.

Modalverben

Modalverben drücken in Verbindung mit einem Vollverb im Infinitiv aus, dass etwas möglich, notwendig, gewollt, erlaubt oder gefordert ist.

Können wir uns morgen treffen? · Ich **muss** den Termin absagen. · Wir **möchten/wollen** ins Kino gehen? · **Darf** ich rauchen?

Modifizierende Verben

Modifizierende Verben, z. B. *drohen, versprechen, scheinen, pflegen,* wandeln in Verbindung mit einem Vollverb im Infinitiv mit *zu* dessen Bedeutung ab. Die gleichlautenden Verben mit eigenständiger Bedeutung zählen zu den Vollverben.

Die Klassenfahrt **drohte** ins Wasser zu fallen. · Das Experiment **schien** zu glücken (es hatte den Anschein).

Er **drohte** ihr.

Die Personalformen des Verbs

Verben kommen nicht nur im Infinitiv (↑ S. 13) vor, sondern auch als Personalform. Die Personalformen eines Verbs bezeichnet man auch als **finite,** d. h. als veränderliche **Formen.**

Der Infinitiv eines Verbs kann nur die Tätigkeit an sich ausdrücken. An der Personalform erkennst du

- **die Person:** 1., 2., 3. Person.
Frage: Wer tut etwas?

  Peter singt.

- **die Zahl:** Singular oder Plural.
Frage: Wie viele tun es?

  Sie sing**en**.

- **die Zeit:** Präsens, Präteritum, Perfekt, Plusquamperfekt, Futur I oder Futur II.
Frage: Wann geschieht etwas?

  Sie **haben gesungen** (Perfekt).

- **die Handlungsart** (Genus): Aktiv oder Passiv.
Frage: Tut die Person etwas (Aktiv) oder wird etwas getan (Passiv)?

  Peter **singt** ein Lied. · Das Lied **wird gesungen.**

- **die Aussageweise** (Modus): Indikativ, Konjunktiv oder Imperativ.
Frage: Handelt es sich um eine Tatsache, d. h., geschieht etwas wirklich (Indikativ), ist ein Geschehen möglich oder wünschenswert (Konjunktiv) oder handelt es sich um einen Befehl oder eine Aufforderung (Imperativ)?

  Er **singt.** · Er **könnte singen.** · **Sing**(e)**!**

Besondere Flexionsformen des Verbs

Bei einigen unregelmäßigen Verben kann es vorkommen, dass sich der Stammvokal des Infinitivs im Indikativ Präsens in den Formen der 2. und 3. Person Singular ändert:

e/i-Wechsel

spr**e**chen → du spr**i**chst, er spr**i**cht

ö/i-Wechsel

erl**ö**schen → Die Kerze erl**i**scht.

a/ä-Wechsel

f**a**hren → du f**ä**hrst, er f**ä**hrt

au/äu-Wechsel

l**au**fen → du l**äu**fst, er l**äu**ft

o/ö-Wechsel

st**o**ßen → du st**ö**ßt, er st**ö**ßt

Aufgepasst: Verben, deren Stammvokal im Indikativ Präsens von *e* zu *i* wechselt, haben auch im Singular des Imperativs Formen mit *i;* diese sind ohne Endung (↑ S. 39).

Spr**i**ch! · H**i**lf! · G**i**b! · L**ie**s!

Partizip Präsens und Partizip Perfekt

Außer dem Infinitiv (↑ S. 13) gibt es zwei weitere Verbformen, die nicht nach der Person bestimmt werden (infinite Verbformen): das Partizip Präsens und das Partizip Perfekt.

Das **Partizip Präsens (Partizip I)** wird durch das Anhängen von *-[e]nd* an den Stamm eines Verbs gebildet.

les**end** · spiel**end** · sing**end**

lächel**nd** · hämmer**nd**

Das Partizip Präsens wird verwendet wie ein Adjektiv (↑ S. 54 f.) und beschreibt ein momentanes, also ein gerade andauerndes Geschehen oder einen Zustand.

Sie beobachtet die spielenden Kinder.

Das **Partizip Perfekt (Partizip II)** bezeichnet ein Geschehen, das bereits beendet ist. Es wird in der Regel gebildet mit der Vorsilbe *ge-* und der Endung *-t* oder *-en*.

geglaub**t** · **ge**prüf**t** · **ge**liefer**t** · **ge**lauf**en** · **ge**trunk**en**

Aufgepasst: Es gibt auch eine unregelmäßige Partizipbildung (↑ S. 42 f.). Verben, die nicht auf der ersten Silbe betont sind, bilden das Partizip Perfekt ohne *-ge*.

bestell**t** · verlieb**t** · studier**t**

Partizipien sind zwar infinite Formen des Verbs, die keine Personalform ausbilden, sie werden aber trotzdem dekliniert.

das lesend**e** Mädchen · die spielen**den** Kinder · die **ge**rupft**en** Hühner

Die Zeitformen des Verbs

Mithilfe der verschiedenen Zeitstufen Vergangenheit, Gegenwart und Zukunft kann man ein Geschehen zeitlich einordnen. Für jede **Zeitform (Tempus)** gibt es eine andere Verbform.
Im Deutschen gibt es sechs Zeitformen.

Präsens (1) und **Präteritum** (2) sind einfache Tempusformen.
Perfekt (3), **Plusquamperfekt** (4), **Futur I** (5) und **Futur II** (6) benötigen ein Hilfsverb, um die konjugierten Formen bilden zu können. Man spricht daher von zusammengesetzten Tempusformen.

(1) ich suche
(2) ich suchte
(3) ich habe gesucht
(4) ich hatte gesucht
(5) ich werde suchen
(6) ich werde gesucht haben

Präsens (Gegenwart)

Das Präsens bezeichnet:

- ein Geschehen, das sich gerade ereignet.
  Hinweiswörter: *jetzt, in diesem Augenblick, heute*

In diesem Moment **fallen** die ersten Regentropfen. · Ich **fahre** gerade nach Hause.

- Aussagen, die allgemein und immer gültig sind.

Kinder **sind** keine Erwachsenen. · Der frühe Vogel **fängt** den Wurm.

Manchmal bezeichnet das Präsens auch ein Geschehen in der Zukunft, wenn durch ein anderes Wort im Satz klargemacht wird, dass es sich nicht um ein gegenwärtiges Geschehen handelt.

Morgen schreiben wir eine Mathearbeit.

Präteritum (Imperfekt)

Das Präteritum bezeichnet ein abgeschlossenes vergangenes Geschehen. Es ist das sogenannte **Erzähltempus** und dient auch der Kennzeichnung unausgesprochener Gedanken (erlebte Rede).

Es **war** einmal …

Wie **konnte** das geschehen?

Bildung des Präteritums:
Es gibt eine **regelmäßige** und eine **unregelmäßige Konjugation,** also regelmäßige und unregelmäßige Verben, sowie Verben mit **Mischformen** (↑ S. 20 f.).
Regelmäßige (schwache) Verben bilden das Präteritum mit der Silbe *-te,* das Partizip Perfekt (↑ S. 17) mit der Vorsilbe *ge-* und der Endung *-t.*

ich glaub**te** · du glaub**te**st · **ge**glaub**t**

Unregelmäßige (starke) Verben bilden das Präteritum durch Veränderung des Stammvokals (z. B. i/a-Wechsel, ie/o-Wechsel) und das Partizip Perfekt (↑ S. 17) mit der Vorsilbe *ge-* und der Endung *-en.*

b**i**nden – ich b**a**nd
fl**ie**gen – ich fl**o**g

gebund**en** · **ge**flog**en**

Präteritum (Imperfekt)

Der **Wechsel des Stammvokals** betrifft sowohl das Präteritum als auch das Partizip Perfekt (↑ S. 17). Es taucht also im Wortstamm häufig ein anderer Vokal auf als im Präteritum oder im Partizip Perfekt.

b**i**nden · b**a**nd · geb**u**nden

Verben mit Mischformen verändern im Präteritum den Stammvokal und fügen die Silbe *-te* an.

br**e**nnen · br**a**nn**te**

Das Partizip Perfekt (↑ S. 17) bilden sie mit der Vorsilbe *ge-* und der Endung *-t*, also wie die **regelmäßigen** Verben.

gebrann**t**

Der Infinitiv (↑ S. 13), das Präteritum und das Partizip Perfekt (↑ S. 17) bilden die sogenannten **Stammformen** des Verbs.
Von diesen drei Formen lassen sich im Deutschen alle anderen Formen der Konjugation des Verbs ableiten.

Stammformen unregelmäßiger Verben (↑ S. 42 f.)

Infinitiv	**1. Person Singular Präteritum**	**Partizip Perfekt**
gehen	ging	gegangen
laufen	lief	gelaufen
lesen	las	gelesen

Stammformen regelmäßiger Verben		
Infinitiv	**1. Person Singular Präteritum**	**Partizip Perfekt**
glauben	glaubte	geglaubt
wünschen	wünschte	gewünscht
suchen	suchte	gesucht
hören	hörte	gehört
sagen	sagte	gesagt
legen	legte	gelegt
merken	merkte	gemerkt

Stammformen von Verben mit Mischformen		
Infinitiv	**1. Person Singular Präteritum**	**Partizip Perfekt**
brennen	brannte	gebrannt
nennen	nannte	genannt
kennen	kannte	gekannt
rennen	rannte	gerannt
verbrennen	verbrannte	verbrannt
können	konnte	gekonnt
wissen	wusste	gewusst
bringen	brachte	gebracht
denken	dachte	gedacht
senden	sandte	gesandt
wenden	wandte	gewandt

Perfekt

Das Perfekt bezeichnet ein Geschehen, das in der Vergangenheit abgeschlossen ist, dessen Folgen und/oder Ergebnis aber bis in die Gegenwart reichen und für die Gegenwart Bedeutung haben.

Ich **habe** drei Tafeln Schokolade **gegessen.** (Folge: Mir ist jetzt schlecht.) · Es **hat** viel **geschneit.** (Ergebnis: Der Schnee liegt fast einen Meter hoch und man kann Ski fahren.)

Bildung des Perfekts:
Das Perfekt wird gebildet mit einer **konjugierten Form** der Hilfsverben ***haben* oder *sein* + Partizip Perfekt** (↑ S. 17). Man spricht deshalb auch von einer **zusammengesetzten Tempusform.**

ich **habe gegessen** · ich **bin gekommen**

Haben* oder *sein?
Welches der beiden Hilfsverben *haben* oder *sein* zur Bildung des Perfekts herangezogen wird, hängt von dem Vollverb ab, das im Satz steht.

- Das **Hilfsverb *sein*** steht bei den **zusammengesetzten Tempusformen** mit ***sein*** und ***bleiben.***

Ich **bin** schon lange nicht mehr in London **gewesen.** · Meine Haare **sind** dank des Regenschirms trocken **geblieben.**

■ Das **Hilfsverb *sein*** steht bei **intransitiven Verben,** also bei Verben, die kein Akkusativobjekt bei sich haben (↑ S. 33, 76 f.), die eine **Veränderung,** etwa einen Wechsel des Zustands oder des Orts, anzeigen bzw. einen neu erreichten Stand bezeichnen. Außerdem steht das Hilfsverb *sein* bei den Verben *sein* und *bleiben*.

Sie **ist** gestern im Kino **gewesen.** · Ich **bin** trotz des Wetters gesund **geblieben.**

Verben der Zustands- oder Ortsveränderung

ab-/verreisen:	Peter wird schon abgereist sein.
ansteigen:	Das Wasser im Fluss ist angestiegen.
einschlafen:	Erst gegen Morgen bin ich eingeschlafen.
fahren:	Er ist nach Bochum gefahren.
fallen:	Mir war ein Stein vom Herzen gefallen.
fliegen:	Tom ist gestern nach Amerika geflogen.
schwimmen:	Wir sind bis zu der Insel geschwommen.
starten:	Die Rakete ist gestartet.
verblühen:	Die Blumen sind verblüht.
vertrocknen:	Das Gras ist vertrocknet.
verwelken:	Die Blumen sind verwelkt.
zerbrechen:	Die Vase ist zerbrochen.

■ **Alle übrigen Verben** bilden die zusammengesetzten Tempusformen mit dem **Hilfsverb *haben*.**

Das Kind **hat** die Vase **zerbrochen.** · Der Vater **hat** das Essen **gekocht.** · Die Blumen **haben geblüht.**

Futur I und Futur II

Mit dem Futur drückt man aus, dass ein Geschehen in der Zukunft liegt, also in der Gegenwart noch nicht eingetroffen ist.

Bildung von Futur I und Futur II:

- Das **Futur I** wird gebildet mit der **konjugierten Form** von ***werden*** **+ Infinitiv** des Hauptverbs eines Satzes.
Aufgepasst: In Verbindung mit den entsprechenden Zeitadverbien weist auch das Präsens in die Zukunft (↑ S. 19).

Du **wirst** sicher viele neue Freunde **finden.**

Wir schreiben **nächste Woche** eine Mathearbeit.

- Das **Futur II** bezeichnet ein Geschehen, das in der Zukunft als bereits abgeschlossen angesehen wird. Es kann auch eine Vermutung oder Annahme über das spätere Geschehen oder über Vergangenes ausdrücken. Es wird gebildet mit der **konjugierten Form** von ***werden*** **+ Partizip Perfekt** (↑ S. 17) des Hauptverbs eines Satzes **+ Hilfsverb *sein*** oder ***haben.***
Aufgepasst: Im Deutschen wird das umständlich wirkende Futur II nur selten verwendet. Es wird häufig durch das sogenannte **Ergebnisperfekt** ersetzt.

Morgen um diese Zeit **werde** ich die Abiturarbeiten bereits **geschrieben haben.** · Vielleicht **werde** ich in einem Jahr mein Ziel **erreicht haben.** · Sie wird wohl dort **angerufen haben.**

Morgen um diese Zeit **habe** ich die Abiturarbeiten bereits **geschrieben.**

Haben* oder *sein?
Auch für die **zusammengesetzten Futurformen** gilt: Welches der beiden Hilfsverben *haben* oder *sein* zur Bildung herangezogen wird, hängt vom Hauptverb des Satzes ab. Es gelten die gleichen Gesichtspunkte wie bei den Formen des Perfekts (↑ S. 22 f.).

Er **wird** im Unterricht wohl nicht **aufgepasst haben.** · Wenn der Trubel losgeht, **werde** ich gerade auf dem Bahnhof **angekommen sein.**

Plusquamperfekt

Das Plusquamperfekt bezeichnet ein Geschehen, das noch vor den in der Vergangenheit erzählten Ereignissen liegt. Dieses Geschehen ist in der Vergangenheit bereits abgeschlossen.

Uns **war** plötzlich **eingefallen,** dass wir nicht genügend Geld hatten.

Bildung des Plusquamperfekts:
Es wird mit einer **konjugierten Form** von ***haben*** oder ***sein*** **im Präteritum** (↑ S. 19 f.) **+ Partizip Perfekt** (↑ S. 17) gebildet.

In Verbindung mit anderen Vergangenheitsformen, besonders dem Präteritum, drückt das Plusquamperfekt Vorzeitigkeit aus.

Als er kam, **waren** seine Freunde schon **gegangen.** · Als ich die Schule sah, fiel mir ein, dass ich meine Hausaufgaben zu Hause **vergessen hatte.**

Die regelmäßige (schwache) Konjugation im Indikativ Aktiv		
Präsens	**Präteritum**	**Perfekt**
ich frag**e**	ich frag**te**	ich **habe ge**frag**t**
du frag**st**	du frag**test**	du **hast ge**frag**t**
er, sie, es frag**t**	er, sie, es frag**te**	er, sie, es **hat ge**frag**t**
wir frag**en**	wir frag**ten**	wir **haben ge**frag**t**
ihr frag**t**	ihr frag**tet**	ihr **habt ge**frag**t**
sie frag**en**	sie frag**ten**	sie **haben ge**frag**t**
Plusquamperfekt	**Futur I**	**Futur II**
ich **hatte ge**frag**t**	ich **werde** frag**en**	ich **werde ge**frag**t haben**
du **hattest ge**frag**t**	du **wirst** frag**en**	du **wirst ge**frag**t haben**
er, sie, es **hatte ge**frag**t**	er, sie, es **wird** frag**en**	er, sie, es **wird ge**frag**t haben**
wir **hatten ge**frag**t**	wir **werden** frag**en**	wir **werden ge**frag**t haben**
ihr **hattet ge**frag**t**	ihr **werdet** frag**en**	ihr **werdet ge**frag**t haben**
sie **hatten ge**frag**t**	sie **werden** frag**en**	sie werden **ge**frag**t haben**

Infinitiv Präsens: fragen
Infinitiv Perfekt: gefragt haben
Partizip Präsens: fragend
Partizip Perfekt: gefragt

Imperativ Singular: frag[e]!
Imperativ Plural: fragt!
Höflichkeitsform: fragen Sie!

Die unregelmäßige (starke) Konjugation im Indikativ Aktiv		
Präsens	**Präteritum**	**Perfekt**
ich komm**e**	ich k**a**m	ich **bin gekommen**
du komm**st**	du k**amst**	du **bist gekommen**
er, sie, es komm**t**	er, sie, es k**a**m	er, sie, es **ist gekommen**
wir komm**en**	wir k**amen**	wir **sind gekommen**
ihr komm**t**	ihr k**amt**	ihr **seid gekommen**
sie komm**en**	sie k**amen**	sie **sind gekommen**
Plusquamperfekt	**Futur I**	**Futur II**
ich **war gekommen**	ich **werde kommen**	ich **werde gekommen sein**
du **warst gekommen**	du **wirst kommen**	du **wirst gekommen sein**
er, sie, es **war gekommen**	er, sie, es **wird kommen**	er, sie, es **wird gekommen sein**
wir **waren gekommen**	wir **werden kommen**	wir **werden gekommen sein**
ihr **wart gekommen**	ihr **werdet kommen**	ihr **werdet gekommen sein**
sie **waren gekommen**	sie **werden kommen**	sie **werden gekommen sein**

Infinitiv Präsens: kommen
Infinitiv Perfekt: gekommen sein
Partizip Präsens: kommend
Partizip Perfekt: gekommen

Imperativ Singular: komm!
Imperativ Plural: kommt!
Höflichkeitsform: kommen Sie!

Hier und auf den folgenden Seiten findest du die Konjugation von *haben, sein* und *werden* sowie der Modalverben *können, mögen, müssen, sollen, wollen, dürfen* im Überblick.

haben	
Präsens Indikativ	**Konjunktiv I**
ich habe du hast er, sie, es hat wir haben ihr habt sie haben	ich habe du habest er, sie, es habe wir haben ihr habet sie haben
Präteritum Indikativ	**Konjunktiv II**
ich hatte du hattest er, sie, es hatte wir hatten ihr hattet sie hatten	ich hätte du hättest er, sie, es hätte wir hätten ihr hättet sie hätten
Perfekt Indikativ	**Konjunktiv I**
er, sie, es hat gehabt	er, sie, es habe gehabt
Plusquamperfekt Indikativ	**Konjunktiv II**
er, sie, es hatte gehabt	er, sie, es hätte gehabt
Futur I	**Konjunktiv I/II**
er, sie, es wird haben	er, sie, es werde/würde haben
Futur II	**Konjunktiv I/II**
er, sie, es wird gehabt haben	er, sie, es werde/würde gehabt haben
Infinitiv Präsens: haben **Infinitiv Perfekt:** gehabt haben **Partizip Präsens:** habend **Partizip Perfekt:** gehabt	**Imperativ Singular:** hab(e)! **Imperativ Plural:** habt! **Höflichkeitsform:** haben Sie!

In den Tabellen auf den Seiten 28 bis 30 steht bei den zusammengesetzten Formen beispielhaft die Form der 3. Person Singular.

sein	
Präsens Indikativ	**Konjunktiv I**
ich bin du bist er, sie, es ist wir sind ihr seid sie sind	ich sei du sei(e)st er, sie, es sei wir seien ihr seiet sie seien
Präteritum Indikativ	**Konjunktiv II**
ich war du warst er, sie, es war wir waren ihr wart sie waren	ich wäre du wär(e)st er, sie, es wäre wir wären ihr wär(e)t sie wären
Perfekt Indikativ	**Konjunktiv I**
er, sie, es ist gewesen	er, sie, es sei gewesen
Plusquamperfekt Indikativ	**Konjunktiv II**
er, sie, es war gewesen	er, sie, es wäre gewesen
Futur I	**Konjunktiv I/II**
er, sie, es wird sein	er, sie, es werde/würde sein
Futur II	**Konjunktiv I/II**
er, sie, es wird gewesen sein	er, sie, es werde/würde gewesen sein
Infinitiv Präsens: sein **Infinitiv Perfekt:** gewesen sein **Partizip Präsens:** seiend **Partizip Perfekt:** gewesen	**Imperativ Singular:** sei! **Imperativ Plural:** seid! **Höflichkeitsform:** seien Sie!

werden	
Präsens Indikativ	**Konjunktiv I**
ich werde du wirst er, sie, es wird wir werden ihr werdet sie werden	ich werde du werdest er, sie, es werde wir werden ihr werdet sie werden
Präteritum Indikativ	**Konjunktiv II**
ich wurde du wurdest er, sie, es wurde wir wurden ihr wurdet sie wurden	ich würde du würdest er, sie, es würde wir würden ihr würdet sie würden
Perfekt Indikativ	**Konjunktiv I**
er, sie, es ist geworden	er, sie, es sei geworden
Plusquamperfekt Indikativ	**Konjunktiv II**
er, sie, es war geworden	er, sie, es wäre geworden
Futur I	**Konjunktiv I**
er, sie, es wird werden	er, sie, es werde werden
Futur II	**Konjunktiv II**
er, sie, es wird geworden sein	er, sie, es würde geworden sein
Infinitiv Präsens: werden **Infinitiv Perfekt:** (ge)worden sein **Partizip Präsens:** werdend **Partizip Perfekt:** (Vollverb:) geworden (Hilfsverb:) worden	**Imperativ Singular:** werd(e)! **Imperativ Plural:** werdet! **Höflichkeitsform:** werden Sie!

können, mögen, müssen, sollen, wollen, dürfen

	können	*mögen*	*müssen*
Präsens Indikativ	ich kann du kannst er, sie, es kann wir können ihr könnt sie können	ich mag du magst er, sie, es mag wir mögen ihr mögt sie mögen	ich muss du musst er, sie, es muss wir müssen ihr müsst sie müssen
Präteritum Indikativ	ich konnte du konntest er, sie, es konnte wir konnten ihr konntet sie konnten	ich mochte du mochtest er, sie, es mochte wir mochten ihr mochtet sie mochten	ich musste du musstest er, sie, es musste wir mussten ihr musstet sie mussten
Partizip Perfekt	gekonnt	gemocht	gemusst
	sollen	*wollen*	*dürfen*
Präsens Indikativ	ich soll du sollst er, sie, es soll wir sollen ihr sollt sie sollen	ich will du willst er, sie, es will wir wollen ihr wollt sie wollen	ich darf du darfst er, sie, es darf wir dürfen ihr dürft sie dürfen
Präteritum Indikativ	ich sollte du solltest er, sie, es sollte wir sollten ihr solltet sie sollten	ich wollte du wolltest er, sie, es wollte wir wollten ihr wolltet sie wollten	ich durfte du durftest er, sie, es durfte wir durften ihr durftet sie durften
Partizip Perfekt	gesollt	gewollt	gedurft

Perfekt und Plusquamperfekt werden mit *haben*, Futur I und Futur II mit *werden* gebildet. Die hier genannten Formen des Partizips Perfekt treten nur auf, wenn die Modalverben als Vollverben gebraucht werden. Sonst steht der Ersatzinfinitiv (Ich habe nicht gehen dürfen.).

Aktiv und Passiv

Die **Aktivformen** eines Verbs, die du bisher kennengelernt hast, betonen den Täter oder Urheber eines Geschehens. Täter oder Urheber kann eine Person, eine Gruppe, aber auch ein Ding oder eine Kraft sein.

Der Hund **beißt** den Postboten. · Das Gewitter **überrascht** die Wanderer.

Verbformen, die einen Vorgang betonen, nennt man **Passivformen.** Sie werden zusammengesetzt aus dem Partizip Perfekt (↑ S. 17) eines Verbs und dem Hilfsverb *werden.*

Der Postbote **wurde** vom Hund **gebissen.** · Die Wanderer **wurden** vom Gewitter **überrascht.**

Für die Umwandlung von einem Aktivsatz in einen Passivsatz gilt:

Aktiv		**Passiv**
Subjekt	→	Ergänzung mit der Präposition *von*
Akkusativobjekt	→	Subjekt
Aktivform des Verbs	→	Passivform des Verbs
alle übrigen Satzglieder	→	keine Veränderung
man	→	kann entfallen

Aktiv und Passiv bezeichnet man als **Genus Verbi.** Die Angabe des Genus Verbi gehört zur vollständigen Bestimmung einer Verbform ebenso dazu wie die Angabe von Person, Numerus, Tempus und Modus.

beißt (3. Person Singular, Präsens, Indikativ, Aktiv) · wurde gebissen (1. oder 3. Person Singular, Präteritum, Indikativ, Passiv)

Nicht alle Verben können ein Passiv bilden, sondern nur solche, die ein Akkusativobjekt bei sich haben. Man nennt diese Verben **transitive Verben.** Verben, die kein Akkusativobjekt nach sich ziehen, sind **intransitive Verben.**
Reflexive Verben sind immer intransitiv (1).
Verben, die das Perfekt mit *sein* bilden, haben keine Passivform (2).

(1) Martin betrachtete sich im Spiegel.

(2) Die Ziegel sind beim letzten Sturm vom Dach gefallen.

Geschehensarten des Passivs

Das **Vorgangspassiv** beschreibt einen Vorgang oder eine Handlung. Es wird gebildet mit der konjugierten Form von *werden* + Partizip Perfekt.

Der Kuchen **wird gegessen.**

Das **Zustandspassiv** dagegen beschreibt einen Zustand bzw. ein Ergebnis. Es wird gebildet mit der konjugierten Form von *sein* + Partizip Perfekt.

Der Kuchen **ist gegessen.**

Täterabgewandtes Passiv

Wenn der Täter oder Urheber genannt wird, spricht man vom täterabgewandten Passiv. Es heißt so, weil der Täter oder Urheber der Handlung eine geringere Bedeutung hat als das Subjekt im Aktivsatz.
Aufgepasst: Die Präpositionen *von* und *durch* zeigen dieses Passiv an.

Der Staatschef **ist** am Morgen **vom Minister** am Flughafen **empfangen worden.**

Täterloses Passiv

Das täterlose Passiv wird verwendet, wenn der Täter oder Urheber nicht genannt werden kann, nicht genannt werden soll oder nicht wichtig ist, z. B. in Gebrauchsanweisungen (1). Das Zustandspassiv (↑ S. 33) ist immer täterlos (2).

(1) Im Kaufhaus **ist** vergangene Nacht **eingebrochen worden.** · Dann **werden** die Schrauben an der Seite des Regals **festgezogen.**
(2) Der Kaffee ist gekocht.

Passivartige Formen

Um z. B. in Aufsätzen (besonders bei Vorgangsbeschreibungen) stilistisch variieren zu können, kannst du auf andere passivartige Formen zurückgreifen:

- ***bekommen/erhalten* + Partizip Perfekt** (entspricht Vorgangspassiv),
- ***sein* + Infinitiv mit *zu*** (entspricht Vorgangspassiv mit *können* oder *müssen*),
- ***sich lassen* + Infinitiv** (entspricht Vorgangspassiv mit *können*),
- **andere Verbzusammensetzungen.**

Sie **bekam** einen Blumenstrauß **überreicht.**

Das Auto **ist** nicht mehr **zu reparieren.**

Die Schraube **lässt sich** nicht mehr **drehen.**

Nicht abgeholte Fundsachen **kommen zur Versteigerung.** · Das Paket **kommt zum Versand.**

Zusammengesetzte Passivformen mit *werden* (am Beispiel der 3. Person Singular)

	Indikativ	Konjunktiv I	Konjunktiv II
Präsens	er, sie, es wird gefragt	er, sie, es werde gefragt	
Präteritum	er, sie, es wurde gefragt		er, sie, es würde gefragt
Perfekt	er, sie, es ist gefragt worden	er, sie, es sei gefragt worden	
Plusquamperfekt	er, sie, es war gefragt worden		er, sie, es wäre gefragt worden
Futur I	er, sie, es wird gefragt werden	er, sie, es werde gefragt werden	er, sie, es würde gefragt werden
Futur II	er, sie, es wird gefragt worden sein	er, sie, es werde gefragt worden sein	er, sie, es würde gefragt worden sein

Zusammengesetzte Passivformen mit *sein* (am Beispiel der 3. Person Singular)

	Indikativ	Konjunktiv I	Konjunktiv II
Präsens	er, sie, es ist gefragt	er, sie, es sei gefragt	
Präteritum	er, sie, es war gefragt		er, sie, es wäre gefragt
Perfekt	er, sie, es ist gefragt gewesen	er, sie, es sei gefragt gewesen	
Plusquamperfekt	er, sie, es war gefragt gewesen		er, sie, es wäre gefragt gewesen
Futur I	er, sie, es wird gefragt sein	er, sie, es werde gefragt sein	er, sie, es würde gefragt sein
Futur II	er, sie, es wird gefragt gewesen sein	er, sie, es werde gefragt gewesen sein	er, sie, es würde gefragt gewesen sein

Grundsätzlich gilt:

Mit den meisten Verben kannst du aus einem aktiven Satz einen sinnvollen Passivsatz bilden. Es handelt sich dabei um die sogenannten transitiven Verben (↑ S. 33, 76 f.).
In fast jedem Nachrichtentext, in Bedienungs- und Arbeitsanleitungen ebenso wie in Kochrezepten kommen Passivformen immer wieder vor.

Kindergärten werden geschlossen. · Aufnahme- und Starttaste können nur bei eingelegter Kassette und geschlossenem Kassettenfach betätigt werden. · Anschließend wird die Zucchini von beiden Seiten in etwas Butter goldbraun gebacken.

Sinnloses Passiv

Es gibt eine Reihe von Verben, deren Passivform zwar möglich ist, aber keinen Sinn ergibt:

- ***haben, besitzen, bekommen***
  Sie hat eine neue Frisur. → Eine neue Frisur wird von ihr gehabt.
- **Verben in Verbindung mit einem Körperteil**
  Ich hebe die Hand. → Die Hand wird von mir gehoben.
- **Verben in Verbindung mit einer Mengenangabe**
  Die Tüte enthält vier Bonbons. → Vier Bonbons werden von der Tüte enthalten.
- ***kennen* und *wissen***
  Er kennt viele Sprichwörter. → Viele Sprichwörter werden von ihm gekannt.
- **Unpersönliche, allgemeine Angaben: *geben***
  In der Wüste gibt es wenig Wasser. → Wenig Wasser wird in der Wüste gegeben.

Die Aussageweise von Verben

Verben können so verändert werden, dass sie ausdrücken, ob etwas eine reale Tatsache, ein Wunsch oder eine Möglichkeit ist oder ob es sich um eine Aufforderung handelt. Diese Aussageweisen (**Modus,** Plural: Modi) nennt man:

- **Indikativ** (Wirklichkeitsform),
- **Konjunktiv** (Möglichkeitsform) und
- **Imperativ** (Befehlsform, ↑ S. 39).

Indikativ:
Die Familie **ist** in Urlaub gefahren (Tatsache).
Konjunktiv:
Die Nachbarn vermuten, die Familie **sei** in Urlaub gefahren (Möglichkeit).

Indikativ

Der Indikativ ist die Grund- oder Normalform sprachlicher Äußerungen. Er drückt aus, dass ein Sachverhalt gegeben ist.
Aufgepasst: Ein solcher Sachverhalt kann wie im Märchen „nur" ausgedacht oder möglich, aber auch allgemeingültig sein.

Auf dem Mars **gibt** es kein menschliches Leben. · Die Fee **hob** den Zauberstab. · Er **kommt** vielleicht morgen. · Ein Tag **hat** 24 Stunden.

Konjunktiv I und Konjunktiv II

Man verwendet den **Konjunktiv I** für Wünsche und Möglichkeiten und ganz besonders in der indirekten Rede (↑ S. 39) oder in Anleitungen und Anweisungen (z. B. Kochrezepte).

Man **nehme** ein halbes Pfund Mehl und zwei Eier.

Der **Konjunktiv II** drückt eine gedankliche Vorstellung aus.

Ich dachte, er hätte alles gemacht.

Konjunktiv I und Konjunktiv II

Konjunktiv I und Konjunktiv II können sich auf die Gegenwart, Vergangenheit oder Zukunft beziehen.

Indikativ	sie lernt · sie hat gelernt · sie wird lernen
Konjunktiv I	sie lerne · sie habe gelernt · sie werde lernen
Konjunktiv II	sie lernte · sie hätte gelernt · sie würde lernen

Außer in der indirekten Rede (↑ S. 39) wird der **Konjunktiv I** nur noch selten verwendet (als Ausdruck des Wunsches und der Aufforderung).

Er **lebe** hoch! · Er **ruhe** in Frieden. · Man **nehme** …

Der **Konjunktiv II** wird verwendet, wenn etwas nicht wirklich der Fall ist, in höflichen Aufforderungen oder vorsichtigen Feststellungen sowie häufig in irrealen Bedingungssätzen.

Stell dir vor, es **wären** Ferien, … · **Hätten** Sie einen Moment Zeit? · Ich **würde** dafür **plädieren,** …

Der **Konjunktiv I** wird gebildet vom Präsensstamm des Verbs und der Endung *-e, -est, -en* oder *-et*.

du hab**est** · du sei**est** · ihr hab**et** · ihr nehm**et**

Der **Konjunktiv II** wird gebildet vom Präteritumstamm des Verbs, der Endung *-e, -est, -en* oder *-et* und bei unregelmäßigen Verben durch Umlaut.

er h**ä**tt**e** · er w**ä**r**e** · wir n**ä**hm**en** · ihr ging**et**

Die **würde-Form des Konjunktivs** setzt sich zusammen aus den Konjunktiv-II-Formen von *werden* und dem Infinitiv Präsens bzw. Perfekt.

er **würde gehen** · er **würde gegangen sein**

Direkte und indirekte Rede

Bei der **direkten Rede** übernimmt man die Aussage eines anderen wörtlich. Hinweise auf Personen, Ort und Zeit bleiben unverändert. Die direkte Rede steht in Anführungszeichen.

Rita sagte: **„Ich bin krank.“**

Bei der **indirekten Rede** berichtet man aus der eigenen Perspektive. Man übernimmt die Aussage eines anderen so genau wie möglich, passt aber alle Hinweise auf Personen, Ort und Zeit an die eigene Perspektive an. Die indirekte Rede steht im Konjunktiv (↑ S. 37 f.).

Rita sagte, **sie sei krank.**

Imperativ

Dieser kann eine Bitte, eine Aufforderung oder einen Befehl ausdrücken. Er wendet sich direkt an eine oder mehrere Personen und wird im Singular mit dem Präsensstamm des Verbs und der Endung *-e* und im Plural mit der Endung *-t* gebildet.

Beeil(e) dich! · Putzt euch die Zähne!

Aufgepasst: Das Endungs-e der 2. Person Singular entfällt meistens.

sag · geh · bleib

Während man im Imperativ in der 2. Person Singular und Plural das Personalpronomen weglässt, behält man es in der 1. Person Plural und bei der Höflichkeitsform.

Geh endlich! · Geht endlich! · Gehen wir endlich! · Gehen Sie endlich!

Die Konjunktivbildung eines regelmäßigen Verbs im Konjunktiv I			
Präsens	**Perfekt**	**Futur I**	**Futur II**
ich lerne	ich habe gelernt	ich werde lernen	ich werde gelernt haben
du lernest	du habest gelernt	du werdest lernen	du werdest gelernt haben
er, sie, es lerne	er, sie, es habe gelernt	er, sie, es werde lernen	er, sie, es werde gelernt haben
wir lernen	wir haben gelernt	wir werden lernen	wir werden gelernt haben
ihr lernet	ihr habet gelernt	ihr werdet lernen	ihr werdet gelernt haben
sie lernen	sie haben gelernt	sie werden lernen	sie werden gelernt haben

Die Konjunktivbildung eines regelmäßigen Verbs im Konjunktiv II	
Präteritum	**Plusquamperfekt**
ich lernte	ich hätte gelernt
du lerntest	du hättest gelernt
er, sie, es lernte	er, sie, es hätte gelernt
wir lernten	wir hätten gelernt
ihr lerntet	ihr hättet gelernt
sie lernten	sie hätten gelernt

Die Konjunktivbildung eines unregelmäßigen Verbs im Konjunktiv I			
Präsens	**Perfekt**	**Futur I**	**Futur II**
ich komme	ich sei gekommen	ich werde kommen	ich werde gekommen sein
du kommest	du sei(e)st gekommen	du werdest kommen	du werdest gekommen sein
er, sie, es komme komme	er, sie, es sei gekommen	er, sie, es werde kommen	er, sie, es werde gekommen sein
wir kommen	wir seien gekommen	wir werden kommen	wir werden gekommen sein
ihr kommet	ihr seiet gekommen	ihr werdet kommen	ihr werdet gekommen sein
sie kommen	sie seien gekommen	sie werden kommen	sie werden gekommen sein

Die Konjunktivbildung eines unregelmäßigen Verbs im Konjunktiv II	
Präteritum	**Plusquamperfekt**
ich käme	ich wäre gekommen
du käm(e)st	du wär(e)st gekommen
er, sie, es käme	er, sie, es wäre gekommen
wir kämen	wir wären gekommen
ihr käm(e)t	ihr wär(e)t gekommen
sie kämen	sie wären gekommen

Stammformen unregelmäßiger Verben		
Infinitiv	**Präteritum**	**Partizip Perfekt**
befehlen	(ich) befahl	(ich habe) befohlen
beginnen	(ich) begann	(ich habe) begonnen
beißen	(ich) biss	(ich habe) gebissen
bergen	(ich) barg	(ich habe) geborgen
bewegen	(ich) bewog (bewegte)	(ich habe) bewogen (bewegt)
biegen	(ich) bog	(ich habe/bin) gebogen
bieten	(ich) bot	(ich habe) geboten
binden	(ich) band	(ich habe) gebunden
bitten	(ich) bat	(ich habe) gebeten
blasen	(ich) blies	(ich habe) geblasen
bleiben	(ich) blieb	(ich bin) geblieben
brechen	(ich) brach	(ich habe/bin) gebrochen
dürfen	(ich) durfte	(ich habe) gedurft
essen	(ich) aß	(ich habe) gegessen
fahren	(ich) fuhr	(ich habe/bin) gefahren
fallen	(ich) fiel	(ich bin) gefallen
finden	(ich) fand	(ich habe) gefunden
fliegen	(ich) flog	(ich bin) geflogen
fressen	(ich) fraß	(ich habe) gefressen
frieren	(ich) fror	(ich habe) gefroren
geben	(ich) gab	(ich habe) gegeben
gehen	(ich) ging	(ich bin) gegangen
gelingen	(es) gelang	(es ist) gelungen

Stammformen unregelmäßiger Verben		
Infinitiv	**Präteritum**	**Partizip Perfekt**
genießen	(ich) genoss	(ich habe) genossen
gewinnen	(ich) gewann	(ich habe) gewonnen
gießen	(ich) goss	(ich habe) gegossen
hängen	(ich) hing	(ich habe) gehangen
helfen	(ich) half	(ich habe) geholfen
klingen	(ich) klang	(ich habe) geklungen
kommen	(ich) kam	(ich bin) gekommen
laden	(ich) lud	(ich habe) geladen
lassen	(ich) ließ	(ich habe) gelassen
laufen	(ich) lief	(ich bin) gelaufen
lesen	(ich) las	(ich habe) gelesen
mögen	(ich) mochte	(ich habe) gemocht
nehmen	(ich) nahm	(ich habe) genommen
reiben	(ich) rieb	(ich habe) gerieben
reißen	(ich) riss	(ich habe) gerissen
rufen	(ich) rief	(ich habe) gerufen
schlafen	(ich) schlief	(ich habe) geschlafen
schneiden	(ich) schnitt	(ich habe) geschnitten
sehen	(ich) sah	(ich habe) gesehen
sein	(ich) war	(ich bin) gewesen
sprechen	(ich) sprach	(ich habe) gesprochen
stehen	(ich) stand	(ich habe) gestanden
tragen	(ich) trug	(ich habe) getragen
tun	(ich) tat	(ich habe) getan

Im Konjunktiv II kann anstatt der einfachen Konjunktivformen (↑ S. 37 f., 40 f.) auch *würde* + Infinitiv stehen: Beides ist grammatisch korrekt.

Besser ohne *würde*

Formen ohne *würde* gelten als eleganter, als stilistisch besser. Dies gilt auch beim doppelten *würde*.

ohne *würde*	mit *würde*
Mit einer Brille **sähest** du gewiss besser.	Mit einer Brille **würdest** du gewiss besser **sehen.**
Ihr Vorschlag **brächte** uns in Schwierigkeiten.	Ihr Vorschlag **würde** uns in Schwierigkeiten **bringen.**
Dieses Mittel **bekämest** du sicher in einer Apotheke.	Dieses Mittel **würdest** du sicher in einer Apotheke **bekommen.**
An deiner Stelle **suchte** ich noch lange.	An deiner Stelle **würde** ich noch lange **suchen.**

mit einfachem *würde*	mit doppeltem *würde*
Wenn ich mit Eva baden **ginge, würden** wir dort sicher ihre Freundin treffen. Oder: Wenn ich mit Eva baden **gehen würde, träfen** wir dort sicher ihre Freundin.	Wenn ich mit Eva baden **gehen würde, würden** wir dort sicher ihre Freundin treffen.
Wenn mir jemand 1000 Euro auf den Tisch **legen würde, sagte** ich nicht Nein. Oder: Wenn mir jemand 1000 Euro auf den Tisch **legte, würde** ich nicht Nein **sagen.**	Wenn mir jemand 1000 Euro auf den Tisch **legen würde, würde** ich nicht Nein sagen.

Besser mit *würde*

Um Missverständnisse zu vermeiden und weil der Konjunktiv II veraltet wirken kann, verwendet man Formen mit *würde*.

2

eindeutig mit *würde* (einfache Form des Konjunktivs II)	**missverständlich ohne *würde* (Indikativ Präteritum)**
Zur Erholung **würde** ich in die Berge **verreisen.**	Zur Erholung **verreiste** ich in die Berge.
Bei starkem Wind **würdet** ihr es hier oben nicht lange **aushalten.**	Bei starkem Wind **hieltet** ihr es hier oben nicht lange **aus.**
Das Gleiche gilt auch für die indirekte Rede:	
Die Zeitung schrieb, die Fans **würden** mit einem Sieg ihres Teams **rechnen.**	Die Zeitung schrieb, die Fans **rechneten** mit einem Sieg ihres Teams.

Umschreibung mit *würde*	**korrekt, aber veraltet**
Ich wünschte, er **würde** mehr Obst **essen.**	Ich wünschte, er **äße** mehr Obst.
Wenn der Damm **bersten würde,** setzte er das ganze Tal unter Wasser.	Wenn der Damm **bärste,** setzte er das ganze Tal unter Wasser.
Ich wäre froh, wenn du die Tür **schließen würdest.**	Ich wäre froh, wenn du die Tür **schlössest.**
Diese Quittung **würde** ich nicht **wegwerfen.**	Diese Quittung **würfe** ich nicht weg.
Das Gleiche gilt auch für die indirekte Rede:	
Es hieß, die Kurse **würden** heute erst um 19 Uhr **beginnen.**	Es hieß, die Kurse **begännen** heute erst um 19 Uhr.

3 Artikel und Substantive

Artikel

Man unterscheidet zwischen dem **bestimmten Artikel** *der, die, das* und dem **unbestimmten Artikel** *ein, eine, einer.*

Genus

Der Artikel richtet sich nach dem **Genus** (Plural: Genera = grammatisches Geschlecht) eines Substantivs. Es gibt drei verschiedene Genera. Diese sind:

- Maskulinum (männlich), — der/ein Baum
- Femininum (weiblich), — die/eine Kerze
- Neutrum (sächlich). — das/ein Haus

Das grammatische Geschlecht stimmt mit dem natürlichen Geschlecht von Lebewesen oft nicht überein.

	Genus	natürliches Geschlecht
das Mädchen	Neutrum	Femininum
das Weib	Neutrum	Femininum
das Männchen	Neutrum	Maskulinum
das Kind	Neutrum	Femininum/Maskulinum

Substantive

Substantive machen den größten Teil unseres Wortschatzes aus. Wörter aller anderen Wortarten können substantiviert, d. h. wie ein Substantiv verwendet werden. Sie bezeichnen Lebewesen, Pflanzen, Dinge oder Gefühle. Für alle Substantive gilt:

- Sie werden großgeschrieben.
- Sie werden oft von einem bestimmten oder unbestimmten Artikel begleitet.

Anna · die Katze · der Baum · ein Schreibtisch · die Schule · das Leder · der Verstand · der Mut · der Stress · der Frieden

3

Numerus

Substantive haben einen **Singular** und einen **Plural.** Man bezeichnet diese als den **Numerus eines Substantivs.** Die häufigsten Pluralformen haben die Endungen *-e, -er, -en/-n, -s* oder keine besondere Endung.

Singular: das Kind (ein einziges Kind)
Plural: die Kinder (zwei oder mehrere Kinder)

Aufgepasst: Bei manchen Pluralformen ändert sich nicht nur die Endung, sondern es gibt auch einen Lautwechsel: *a/ä, o/ö, u/ü* und *au/äu.*

die H**a**nd – die H**ä**nde · der Fr**o**sch – die Fr**ö**sche · das B**u**ch – die B**ü**cher

Manche Substantive haben

- nur den Singular,

  das Obst · die Milch

- mehrere gleichberechtigte Pluralformen oder

  die Pizza: die Pizzas/Pizzen

- nur den Plural.

  die Eltern · die Ferien

Deklination von Substantiven

Substantive verändern ihre Form, je nachdem, welche Rolle sie im Satz einnehmen. Die **Beugung des Substantivs** nennt man Deklination. Wird ein Substantiv gebeugt, steht es in einem bestimmten **Kasus** (Plural: Kasus = Fall). Im Deutschen gibt es vier verschiedene Kasus; mithilfe der Fragewörter kannst du herausfinden, in welchem Kasus ein Substantiv steht.

1. Fall: **Nominativ:** wer oder was? — das Buch
2. Fall: **Genitiv:** wessen? — des Buches
3. Fall: **Dativ:** wem? — dem Buch
4. Fall: **Akkusativ:** wen oder was? — das Buch

Mit dem Substantiv wird zugleich auch der Artikel dekliniert.

Deklinationsarten

Durch Deklination gibt man also Genus, Numerus und Kasus an. Außerdem unterscheidet man je nach den Formen des Genitivs Singular und der Bildung des Plurals zwischen einer starken, schwachen und gemischten Deklination.

Aufgepasst: Auch Eigennamen (Titel, Personennamen, geografische Bezeichnungen und Werktitel) werden dekliniert.

die Rede Peters **des** Groß**en** · die Königin Schwedens**s**

Starke, schwache und gemischte Deklination

Schwache Deklination

In der schwachen Deklination gibt es keine Substantive im Neutrum. Der Singular der männlichen Substantive endet in allen Kasus außer dem Nominativ auf *-en*. Die Pluralformen lauten alle gleich; sie enden auf *-en*.

Singular	**Maskulinum**	**Femininum**	**Neutrum**
Nominativ	der Mensch	die Frau	
Genitiv	des Mensch**en**	der Frau	
Dativ	dem Mensch**en**	der Frau	
Akkusativ	den Mensch**en**	die Frau	
Plural			
Nominativ	die Mensch**en**	die Frau**en**	
Genitiv	der Mensch**en**	der Frau**en**	
Dativ	den Mensch**en**	den Frau**en**	
Akkusativ	die Mensch**en**	die Frau**en**	

Starke Deklination

Der Genitiv Singular der Substantive im Maskulinum und Neutrum endet auf *-es/-s*. Es treten verschiedene Formen der Pluralbildung auf.

Singular	**Maskulinum**	**Femininum**	**Neutrum**
Nominativ	der Vogel	die Nacht	das Bild
Genitiv	des Vogel**s**	der Nacht	des Bild**es**
Dativ	dem Vogel	der Nacht	dem Bild(e)
Akkusativ	den Vogel	die Nacht	das Bild
Plural			
Nominativ	die V**ö**gel	die N**ä**cht**e**	die Bild**er**
Genitiv	der V**ö**gel	der N**ä**cht**e**	der Bild**er**
Dativ	den V**ö**gel**n**	den N**ä**cht**en**	den Bild**ern**
Akkusativ	die V**ö**gel	die N**ä**cht**e**	die Bild**er**

Gemischte Deklination

Einige Substantive im Maskulinum und Neutrum werden im Singular stark und im Plural schwach dekliniert.

	Singular	**Plural**
Nominativ	der Staat	die Staat**en**
Genitiv	des Staate**s**	der Staat**en**
Dativ	dem Staate	den Staat**en**
Akkusativ	den Staat	die Staat**en**

4 Pronomen

Wörter, die stellvertretend für ein Substantiv stehen können, heißen Pronomen. Es gibt unterschiedliche Pronomen.

Personalpronomen

Personalpronomen stehen als Stellvertreter für Personen, Gegenstände, Zustände oder Sachverhalte. Man unterscheidet jeweils eine 1., 2. und 3. Person im Singular und im Plural. *Aufgepasst:* Personalpronomen werden dekliniert.

Der Schüler geht nach Hause. – **Er** geht nach Hause. (Stellvertreter für eine Person) · Die Bücher liegen da. – **Sie** liegen da. (Stellvertreter für eine Sache)

	Singular	**Plural**
Nominativ	ich · du · er, sie, es	wir · ihr · sie
Genitiv	meiner · deiner · seiner, ihrer, seiner	unser · euer · ihrer
Dativ	mir · dir · ihm, ihr, ihm	uns · euch · ihnen
Akkusativ	mich · dich · ihn, sie, es	uns · euch · sie

Possessivpronomen

Possessivpronomen geben ein Besitzverhältnis an oder drücken eine Zugehörigkeit aus.

mein · dein · sein, ihr, sein · unser · euer · ihr

■ Sie begleiten oder ersetzen ein Substantiv.

Mein Mantel ist zerrissen und dein**er** auch.

■ Sie richten sich in ihrer Form nach der Person, auf die sie sich beziehen. *Aufgepasst:* Je nach Genus, Numerus und Kasus lautet die Deklinationsendung entweder *-er* oder *-es*, wenn das Possessivpronomen ein Substantiv ersetzt.

Ich habe genug Geld, du kannst dein**(e)s** behalten.

4

Reflexivpronomen

Das Reflexivpronomen bezieht sich auf das Subjekt eines Satzes. Es stimmt in Person und Numerus mit ihm überein.
Aufgepasst: Der Kasus des Reflexivpronomens hängt vom Verb des Satzes ab.

mich/mir · dich/dir · sich · uns · euch · sich

In beiden Sätzen im nebenstehenden Beispiel bezieht sich *uns* auf *wir*, nicht auf *Geschenk*. Daher steht in beiden Fällen das Reflexivpronomen im Plural.

Wir haben **uns** sehr über das Geschenk gefreut. · **Wir** haben **uns** über die Geschenke gefreut.

Demonstrativpronomen

Pronomen, die auf etwas oder jemanden hinweisen, nennt man Demonstrativpronomen.

dieser, diese, dieses · jener, jene, jenes · solcher, solche, solches · derselbe, dieselbe, dasselbe

Sie richten sich in Genus, Numerus und Kasus nach dem Substantiv, bei dem sie stehen oder das sie ersetzen. Die Verwendung von ***dieser, diese, dieses*** und ***jener, jene, jenes*** richtet sich nach dem Inhalt eines Satzes. *Dieser* weist auf etwas Näheres, *jener* auf etwas Entfernteres hin.

Gib **diesem Kind** etwas zu essen!

Meinst du **dieses** Buch auf dem Schreibtisch? Nein, **jenes** dort drüben im Regal!

Indefinitpronomen

Bei Angaben über Personen oder Sachverhalte, die man nicht genauer bestimmen will oder kann, benutzt man Indefinitpronomen. Sie richten sich nach dem Adjektiv oder Substantiv, das sie begleiten bzw. ersetzen.

jeder Mann · manches Kind

jemand · niemand · etwas · nichts · alle · jeder · kein · manche · mehrere · etliche · man · irgendjemand

Aufgepasst: Die Pronomen *etwas, man, nichts* können nur im Nominativ, Akkusativ oder nach Präpositionen stehen. Sie sind unveränderlich.

Man hat ihn gestern im Theater gesehen. · Habt ihr **etwas** Essbares im Haus?

Interrogativpronomen

■ Die Fragepronomen ***wer*** oder ***was*** können das Substantiv eines Satzes ersetzen. Sie kommen ausschließlich im Singular vor und unterscheiden nur zwischen Person *(wer?)* und Sache bzw. Sachverhalt *(was?)*.

Nominativ: wer oder was? *Genitiv:* wessen? *Dativ:* wem? *Akkusativ:* wen oder was?

■ Die Fragepronomen ***welcher, welche, welches*** fragen nach Personen oder Sachen. Sie werden verwendet, wenn es dabei um eine Auswahl aus einer Art oder Menge geht. Die Flexion richtet sich nach dem Substantiv, bei dem sie stehen oder das sie ersetzen.

Welches Kleid soll ich nehmen (das blaue oder das schwarze)? · Mit **welchem** Zug kommst du?

■ Das mehrteilige Interrogativpronomen ***was für ein(-e/-er)*** fragt nach der Art oder der Beschaffenheit von Personen oder Sachen; *was* bleibt unverändert, nur *ein(er)* wird dekliniert.

Was für einen Wein möchten Sie?

Relativpronomen

■ Die Relativpronomen ***der, die, das*** und ***welcher, welche, welches*** leiten einen Nebensatz (Relativsatz) ein. Sie werden je nach Bezugswort flektiert.

Ich sah **den Mann, der** den Brief eingeworfen hat. · Er begrüßt **die Frau, welche** lacht.

■ Die Relativpronomen ***wer*** oder ***was*** bezeichnen ganz allgemein eine Person oder Sache und leiten ebenfalls einen Relativsatz ein.

Wer nicht hören will, muss fühlen. · Mach, **was** du willst!

5 Adjektive

Adjektive beschreiben die Eigenschaften oder Merkmale einer Sache, eines Zustands, eines Vorgangs oder einer Handlung.

- Sie werden kleingeschrieben.
- Sie werden im Satz wie das Substantiv, bei dem sie stehen, dekliniert.

Solche **Eigenschaftswörter** (Adjektive im eigentlichen Sinn) beschreiben oder bewerten, wie jemand oder etwas beschaffen ist.

Rote Rosen sind ihre Lieblingsblumen. · Mit **großer** Freude haben wir von seinem **guten** Abitur erfahren.

Beziehungsadjektive

Manche Adjektive drücken eine bestimmte Beziehung zwischen Personen oder Gegenständen aus. Solche Beziehungsadjektive nennen einen Urheber, ein räumliches oder zeitliches Verhältnis oder einen thematischen Bezugspunkt bzw. -bereich.

Urheber: **ärztliche** Hilfe
Raum/Zeit: die **finnischen** Seen, der **gestrige** Tag
Bereich: **technischer** Fortschritt

Zahladjektive

Alle Zahlwörter, die als Beifügung zu einem Substantiv stehen können, sind ebenfalls Adjektive.

Diese Zahlwörter sind:	
■ Grundzahlen (Kardinalzahlen),	eins · sieben · neuntausend
■ Ordnungszahlen (Ordinalzahlen),	der dritte Mann · (der, die, das) Dritte
■ bestimmte und unbestimmte Gattungszahlwörter,	dreierlei · allerlei
■ Bruchzahlen,	halb · drittel · hundertstel
■ Vervielfältigungszahlen,	fünffach · tausendfach
■ unbestimmte Zahladjektive.	zahllos · wenig

Steigerung von Adjektiven

5

Adjektive können gesteigert werden. Es gibt drei Steigerungsstufen: Positiv, Komparativ und Superlativ (↑ S. 6). *Aufgepasst:* Bei Vergleichen steht im Positiv das Wörtchen *wie* und im Komparativ das Wörtchen *als*.	schön – schöner – am schönsten *Positiv:* Annika ist genauso groß **wie** Lisa. *Komparativ:* Laura ist größer **als** Lilly.
Einige wenige Adjektive haben **unregelmäßige Steigerungsformen,** z. B. durch ein anderes Wort oder durch Umlaut. Du musst sie auswendig lernen.	gut – **besser** – am **besten** · viel – **mehr** – am **meisten** · warm – w**ä**rm**er** – am w**ä**rm**sten**
Nicht alle Adjektive lassen sich steigern, z. B. Adjektive wie *super, fit, klasse, schwanger* und Farbadjektive.	ein super Essen · ein klasse Auto · eine rosa Bluse

6 Nicht flektierbare Wörter

Adverbien

Es gibt im Deutschen einige Wörter, die nicht flektierbar sind (↑ S. 7). Das bedeutet: An welcher Stelle im Satz sie auch stehen, ihre Form bleibt unverändert. Ein Adverb kann an mehreren Stellen im Satz seinen Platz einnehmen, es liefert aber immer zusätzliche inhaltliche Informationen.
Man unterscheidet Adverbien nach inhaltlichen Gesichtspunkten und teilt sie in vier Gruppen ein.
Aufgepasst: Adverbien werden leicht mit Adjektiven verwechselt. Der wichtigste Unterschied: Adjektive sind flektierbar.

Sie liest sehr **gern** Pferdebücher. · Wir gehen **heute** wandern. · Er ist **sehr** früh aufgestanden.

Adverb: Er schreibt **heute** eine Mathearbeit.
Adjektiv: Er schreibt am **heutigen** Tag eine Mathearbeit.

Die größte Gruppe von Adverbien setzt sich aus ***da, hier, wo*** **+ Präposition** zusammen. Beginnt die Präposition mit einem Vokal, wird an *da* und *wo* ein *r* angefügt.

dabei · dahinter · danach · daran · darüber · dazwischen · hierauf · hierdurch · hierunter · voraus · wobei · worüber

Adverbien des Ortes (Lokaladverbien) beantworten die Fragen *wo?*, *wohin?*, *woher?*.
Zu ihnen gehören:
überall, draußen, vorn, hinten, hier, dort, dorthin, zuoberst, links, rechts.

Links stand das Orchester, **rechts** der Showmaster.

Adverbien der Zeit (Temporaladverbien) geben Antworten auf die Fragen *wann?*, *wie lange?*.
Zu ihnen gehören:
montags, abends, wieder, heute, jetzt, sofort, stets, nochmals, derzeit, zwischendurch, zunächst, bald.

Freitags gibt es in der Mensa Fisch. · Ich gehe **zwischendurch** gern einmal essen.

Adverbien der Art und Weise (Modaladverbien) erfragt man am besten mit den Fragewörtern *wie?*, *auf welche Weise?*, *womit?*.
Zu ihnen gehören:
blindlings, gratis, einigermaßen, überhaupt, ungefähr, anders, sehr, gern, ziemlich, möglicherweise, barfuß, hoffentlich.

Sie erhalten beim Kauf **gratis** einen Kugelschreiber dazu. · Die Kinder turnten **barfuß.** · Sie liest sehr **gern** Krimis.

Adverbien des Grundes (Kausaladverbien) geben Informationen über den Grund bzw. die Ursache eines Geschehens oder Ereignisses. Man erfragt sie mit *warum?*.
Zu ihnen gehören:
folglich, darum, dennoch, notfalls, anstandshalber, daher, deshalb.

Notfalls verschieben wir die Party auf Sonntag. · Sie hat eine Allergie, **darum** meidet sie bestimmte Gewürze.

Die Präpositionen *an, gegen, über, um* und *unter* werden zu den **Adverbien** gerechnet, wenn sie **bei einer Mengenangabe** stehen. Solche Adverbien kannst du bestimmen, indem du sie austauschst oder ganz weglässt.

In die Vorstellung kamen **über** 200 junge Menschen. – In die Vorstellung kamen **(ungefähr/etwa/fast)** 200 junge Menschen.

Manche **Adverbien** kommen fast nur **in Verbindung mit bestimmten Verben** vor. Sie sind zu festen Zusammensetzungen geworden. *Aufgepasst:* Solche Verbindungen mit Verben werden immer zusammengeschrieben.

abhandenkommen · beiseiteschieben

Einige wenige Adverbien bilden **Steigerungsformen,** meist indem sie auf andere, flektierbare Wörter zurückgreifen.

Positiv	**Komparativ**	**Superlativ**
gern	lieber	am liebsten
bald	eher früher schneller	am ehesten am frühesten am schnellsten
oft	öfter häufiger	am öftesten am häufigsten
sehr	mehr	am meisten
wohl	besser (wohler)	am besten (am wohlsten)

Adverb und Pronomen

Manche Adverbien sind bestimmten Pronomen sehr ähnlich. Das wichtigste Unterscheidungsmerkmal zwischen beiden Wortarten ist: Die Wörter ***wer, wem, wessen, was, das*** und ***dies*** sind Pronomen, wenn sie in einem bestimmten Kasus stehen, d. h., sie haben im Satz eine grammatische Funktion.

Wer kommt zur Party? (Wer = Subjekt = Nominativ)

Verwendung des Adverbs im Satz

Das Adverb kann im Satz verschieden verwendet werden und übernimmt dann unterschiedliche Funktionen. Es kann benutzt werden:

- als **selbstständiges Satzglied (adverbiale Bestimmung),** wenn es sich auf das Verb oder den ganzen Satz bezieht,

Hier entstehen fünf Neubauten. · **Gestern** hat es geregnet.

- als **Attribut,** wenn es einzelnen Wörtern oder Wortgruppen zugeordnet ist; in diesen Fällen können Adverbien vor- oder nachgestellt werden;

Sie ist **sehr** nett. · **Bald** nach dem Vorfall ist sie weggezogen.

- **innerhalb einer festen Fügung** hinter der Präposition.

Ich bin in **spätestens** zwei Tagen zurück. · Sie kommt in **frühestens** zwanzig Minuten nach Hause.

Präpositionen

Präpositionen kommen immer mit einem anderen übergeordneten Wort, meistens einem Substantiv, einem Pronomen oder Adjektiv gemeinsam vor. Zusammen bilden sie eine Wortgruppe (sogenannte Präpositionalgruppe).

Präpositionen

- geben Beziehungsverhältnisse an,
- sind unveränderlich, d. h. nicht flektierbar,
- „regieren“ den Kasus des Worts, bei dem sie stehen (↑ S. 61).

ab · abseits · an · aus · bei · bezüglich · dank · diesseits · durch · für · gegen · gemäß · hinter · in · infolge · inmitten · jenseits · mit · mittels · nach · ohne · unter · über · wegen · während u. a.

Präpositionen werden in vier Gruppen unterschieden nach:

- dem Ort **(lokal),** — **an** der Grenze · **im** Haus
- der Zeit **(temporal),** — **seit** zwei Jahren · **während** des Essens
- Grund, Zweck oder Folge **(kausal),** — **dank** seiner Hilfe · **wegen** des Nebels
- Art und Weise **(modal).** — **ohne** mein Wissen · **mit** dem Plan · **aus** Porzellan · **ohne** Schwierigkeiten

Präposition und Kasus

Präpositionen zwingen dem Substantiv oder Pronomen, bei dem sie stehen, einen bestimmten Kasus auf – sie „regieren“ den Kasus **(Rektion der Präpositionen).**

Die Kinder standen **um den Brunnen.** · Sie bereitete die Party **ohne mein Wissen** vor.

Welchen Kasus eine Präposition fordert, weißt du meist „aus dem Gefühl“. Wenn nicht, verwendest du die Fragewörter, die dir auch bei der Kasusbestimmung helfen (↑ S. 48). Das gilt insbesondere dann, wenn eine Präposition mal mit dem Dativ und mal mit dem Akkusativ in einem Satz vorkommt. Auf *wo?* folgt der Dativ, auf *wohin?* folgt der Akkusativ.

Das Bild hängt **an der Wand** (wo?). · Sie hängt das Bild **an die Wand** (wohin?).

Präpositionen, die den gleichen Fall verlangen, können im Satz gereiht hintereinanderstehen.

Sie suchte **in und unter** dem Schrank. · **Diesseits und jenseits** der Grenze herrschte reger Verkehr.

Bei Präpositionen, die verschiedene Fälle fordern, richtet sich der Kasus des Substantivs oder Pronomens nach der zuletzt stehenden Präposition.

Kommt ihr mit oder **ohne** (Akk.) Kinder? · Sie kommen teils ohne, teils **mit** (Dat.) Kindern.

Stellung der Präposition

- Die meisten Präpositionen stehen **vor** dem regierten Substantiv oder Pronomen bzw. der regierten Wortgruppe.
  nach Feierabend · **für** mich · **aus** dem Fenster · **mit** dem Rad
- Einige Präpositionen können **vor oder hinter** dem regierten Wort stehen.
  nach meiner Meinung/meiner Meinung **nach**
- Einige wenige Präpositionen werden immer **nachgestellt.**
  dem Pressesprecher **zufolge**
- Sogenannte **zweiteilige Präpositionen umschließen** das regierte Element.
  von morgen **an** · **um** des lieben Friedens **willen**

Verschmelzung von Präposition und Artikel

Einige Präpositionen können mit Formen des Artikels zu einem einzigen Wort verschmelzen.

an, in, bei, von, zu	**+ dem**	→ am, im, beim, vom, zum	an, in	**+ das**	→ ans, ins
			zu	**+ der**	→ zur

Es gibt zahlreiche Fügungen und feste Wendungen, die nur in verschmolzenen Formen möglich sind.

zum Tanzen auffordern · **aufs Ganze** gehen · **hinters Licht** führen

Konjunktionen

Konjunktionen verbinden Sätze oder Satzteile miteinander. Sie sind unveränderlich. Sie stellen eine bestimmte inhaltliche Beziehung zwischen den Sätzen her. Man unterscheidet nebenordnende und unterordnende Konjunktionen.

und · oder · aber · denn · sowohl … als auch · entweder … oder

Nebenordnende Konjunktionen

Nebenordnende Konjunktionen verbinden:

- gleichrangige Haupt- und Nebensätze (1),
- Wortgruppen (2),
- Wörter (3),
- Wortteile (4).

(1) Es klingelte an der Tür, **aber** sie machte nicht auf.
(2) durch List **oder** durch Gewalt
(3) auf **und** ab · arm, **aber** glücklich
(4) be- **und** entladen · Mittel- **und** Südamerika

Auch *als* und *wie* sind nebenordnende Konjunktionen, wenn sie bei den Steigerungsformen des Adjektivs stehen.

Er ist ein besserer Schüler **als** sein Freund. · Heute ist das Wetter nicht so schön **wie** gestern.

Unterordnende Konjunktionen

Unterordnende Konjunktionen wie *dass, weil, nachdem, bis* schließen immer einen Nebensatz oder eine Infinitivkonstruktion an einen Hauptsatz an.

Er konnte nicht glauben, **dass** das die Entscheidung war.

Je nach Inhalt des Satzes lassen sich **nebenordnende und unterordnende Konjunktionen** in verschiedene Bedeutungsgruppen unterscheiden:

Nebenordnende Konjunktionen

Reihung/Zusammenfassung:
und · wie · sowie · sowohl … als · sowohl … als auch · wie auch

Gegensatz/Einschränkung:
aber · doch · jedoch · allein · sondern

Grund:
denn

verschiedene Möglichkeiten:
oder · entweder … oder · beziehungsweise

Unterordnende Konjunktionen

Angabe einer Zeit (temporal):
als · nachdem · bis · während · ehe · bevor · sobald · solange · wenn

Angabe eines Grundes (kausal):
weil · da · zumal

Angabe eines Zwecks (final):
damit · dass · um (zu) · anstatt (zu) · ohne (zu)

Angabe einer Bedingung (konditional):
wenn · falls · sofern · soweit

Einräumung oder Gegensatz (konzessiv):
obwohl · obgleich · obschon · wenn auch

Angabe einer Art und Weise (modal):
indem · wie · als ob · ohne dass

Angabe einer Folge (konsekutiv):
sodass

Interjektionen

Mal Wort, mal Satz – Interjektionen stellen ganz eigene, selbstständige Äußerungen dar. Stehen sie isoliert, haben sie Satzcharakter (↑ S. 71). Sie kommen vor allem in der gesprochenen Sprache vor und drücken oft eine Empfindung oder eine Haltung des Sprechers aus. Interjektionen sind in ihrer Form unveränderlich.

Tschüs · Autsch · Puh · Hatschi · Miau

Interjektionen lassen sich in zwei Gruppen einteilen:

- **Ausdrucks- und Empfindungswörter** können Gefühlsausdrücke wie Schmerz, Angst, Ekel, Bedauern, Spott, Freude, Erschöpfung u. a. verstärken.

autsch · aua · brr · pfui · igitt · herrje · nanu · ätsch · puh · oh · juchhu · oje

- **Klang- und Lautmalereien** dienen der anschaulichen, treffenden Kommentierung einer dargestellten Situation und der Nachahmung von Lauten.

hatschi · hihi · miau · wau, wau · bim · hui · rums · bumm · ticktack · blubb · gong · zack · klingeling

In Comics erhalten Interjektionen häufig eine neue Bedeutung, da sie einen starken Ausdruck in besonders knapper Form wiedergeben können. Häufig werden auch verkürzte Verbformen als Interjektionen benutzt.

schnief! · brüll! · knarr! · heul! · schluchz! · jammer!

7 Wortbildung

Aus einem Grundbestand aus Wörtern und Wortteilen können nach bestimmten Regeln oder Mustern neue Wörter gebildet werden. Man unterscheidet zwei Hauptarten von Wortbildung: Wortzusammensetzungen (Komposition) (1) und Ableitungen (Derivation) (2).

(1) Tisch-bein · wasser-dicht
(2) ur-alt · lieb-lich

Wortzusammensetzungen

Aus einem oder mehreren einfachen Wörtern lassen sich neue Wörter zusammensetzen. Eine solche Zusammensetzung nennt man Kompositum (Plural: Komposita). Es gibt unterschiedliche Arten der Zusammensetzung. Der letzte Bestandteil heißt **Grundwort,** den ersten nennt man **Bestimmungswort,** weil er das Grundwort näher bestimmt. Beide Bestandteile sind nicht beliebig austauschbar, ohne dass sich die inhaltliche Bedeutung ändert. Fast alle Wortarten können miteinander kombiniert werden.

Ladenkette · süßsauer · vergeblich

Kinderspiel · wunderschön

Das Grundwort bestimmt die Wortart und das Geschlecht des Kompositums; es steht immer an letzter Stelle und stellt die Basis der Zusammensetzung dar.	weich + Käse = Weichkäse Wiese + Blume = Wiesenblume Blume + Wiese = Blumenwiese
Der erste Bestandteil der Zusammensetzung ist das Bestimmungswort. Bestimmungswörter können Adjektive, Verben und Substantive sein. Ist ein Verb das Bestimmungswort, fällt die Infinitivendung weg.	Stein + hart = steinhart mal(en) + Stift = Malstift
Die Stelle zwischen den Bestandteilen eines Kompositums nennt man **Wortfuge.** Manchmal braucht man zur Verbindung zweier Wörter noch ein sogenanntes **Fugenelement.**	Brille + n + Schlange = Brillenschlange · Schmerzen + s + Geld = Schmerzensgeld
Das Bestimmungswort einer Zusammensetzung beschreibt das Grundwort auf verschiedene Art und Weise näher.	Kopfsalat = Salat in der Form eines Kopfs · Kartoffelsalat = Salat aus Kartoffeln
Mögliche Arten dieser näheren Bestimmung können sein:	
■ die Form,	Zylinderhut
■ das Material,	Filzhut
■ der Zweck,	Zauberhut
■ der Träger oder die Trägerin,	Jägerhut
■ der Ort,	Fingerhut
■ die Eigenschaft.	Schlapphut

7

Gleichberechtigte Komposita

Es kommt auch vor (allerdings selten), dass beide Teile der Zusammensetzung gleichberechtigt sind, also in einer „Sowohl-als-auch-Beziehung" zueinander stehen.

süßsauer · Hosenrock · schwarzrotgold

Mehrfachzusammensetzungen

Es gibt Wörter, die nicht nur aus zwei, sondern aus mehreren einzelnen Wörtern zusammengesetzt sind. Manchmal ist das Grundwort bereits eine Zusammensetzung (1), manchmal ist das Bestimmungswort zusammengesetzt (2) und manchmal sind Grundwort und Bestimmungswort zusammengesetzt (3).

(1) Bus**haltestelle** · Schul**wettkampf**
(2) **Wohnzimmer**regal · **Großraum**büro
(3) **Fremdsprachenintensivkurs**

Ableitungen

Eine andere Möglichkeit der Wortbildung ist die sogenannte Derivation (Ableitung). Jedes Wort enthält mindestens einen Wortstamm. Dieser Wortstamm wird durch das Voranstellen einer Vorsilbe (Präfix) oder das Anhängen einer Nachsilbe (Suffix) zu einem neuen Wort.

Unmensch · **Ge**räusch · **Miss**erfolg · Dumm**heit** · **ver**geb**lich**

■ Bei der **Präfixableitung** werden Präfixe vor den Wortstamm gesetzt; das Ursprungswort erhält auf diese Weise eine neue Bedeutung. Präfixe sind z. B.: *Un-/un-, Ge-/ge-, Ab-/ab-, Be-/be-, Zu-/zu-, Ver-/ver-, Miss-/miss-.*

Unmensch · **Ab**leitung · **Ver**stimmung · **Miss**erfolg

■ Bei der **Suffixableitung** werden Nachsilben hinter den Wortstamm gesetzt. Sie werden häufig verwendet, um Verben in Substantive zu verwandeln. Solche Suffixe sind z. B.: *-chen, -heit, -keit, -schaft, -tum, -lein, -nis, -ung.*

Stühl**chen** · Kind**heit** · Heiter**keit** · Leiden**schaft** · Alter**tum** · Männ**lein** · Ereig**nis** · Halt**ung**

■ Bei Ableitungen, die vor dem Wortstamm ein Präfix und hinter dem Wortstamm ein Suffix haben, spricht man von **kombinierten Ableitungen.**

unwiederbring**lich** · **ver**unrein**igen** · **Ge**hüpf**e**

Kürzungen

Zu den **Abkürzungs- und Kurzwörtern** gehören die Buchstabenabkürzungen und Mischformen, die sich aus einzelnen Silben zusammensetzen.

Lkw für Lastkraftwagen · **Azubi** für Auszubildende(r)

Die Werbesprache bedient sich sogenannter **Wortkreuzungen:** Wörter werden verschmolzen. Solche Wörter solltest du in Anführungszeichen setzen.

unkaputtbar · Instandbesetzung · kaufregend · fürchterbar

8 Der Satz

Satzarten

Sätze sind selbstständige sprachliche Einheiten, die zusammengesetzt zu Texten werden. Man unterscheidet Aussage-, Frage- und Aufforderungssätze.	Dies ist ein Satz.
Aussagesatz	
Mit einem Aussagesatz wird ein Sachverhalt berichtet oder festgestellt. In Aussagesätzen steht die Personalform des Verbs an zweiter Stelle nach dem Subjekt. Am Ende steht ein Punkt.	Die Kinder **gehen** gerne in die Schule.
Fragesatz	
Mit einem Fragesatz versucht man, Informationen zu erhalten. Am Ende eines Fragesatzes steht immer ein Fragezeichen.	Gehst du gerne zur Schule? · Wann beginnt der Unterricht?
Entscheidungsfragen können nur mit Ja oder Nein beantwortet werden. Sie beginnen mit der Personalform des Verbs.	**Hast** du deine Hausaufgaben gemacht? · **Kommst** du bei mir vorbei?

Ergänzungsfragen werden gestellt, um Einzelheiten zu einem Sachverhalt herauszufinden. Sie beginnen mit einem Fragewort.

Wann schreiben wir die nächste Mathearbeit? · **Über wen** sollen wir im Referat berichten?

Aufforderungssatz

Aufforderungssätze richten sich direkt an andere: Mit ihnen werden Aufforderungen oder Befehle formuliert. Sie haben am Ende ein Ausrufezeichen.
Aufforderungssätze beginnen entweder mit der Befehlsform (Imperativ) des Verbs (↑ S. 39 f.) oder enden bei allgemeinen Aufforderungen meist mit dem Infinitiv des Verbs.
Aufgepasst: Das Verb eines Aufforderungssatzes steht im Konjunktiv I Präsens (↑ S. 37 ff.), wenn sich der Sprecher mit einschließt oder wenn er die angesprochene Person siezt.

Fahr doch endlich! · **Seid** pünktlich! · Vor Gebrauch **schütteln!**

Seien wir doch ganz ehrlich! · **Seien** Sie unbesorgt!

Ausruf

Ein Ausruf (Interjektion) ist eigentlich kein richtiger Satz (↑ S. 65), er kann aber Satzcharakter haben. Nach einem Ausruf steht ein Ausrufezeichen.

Hm**!** · Huch**!** · Hey**!**

Bausteine eines Satzes

Im Deutschen gibt es **einfache Sätze** (Einzelsätze) und **zusammengesetzte Sätze.**
Zusammengesetzte Sätze bestehen aus Teilsätzen, einem Hauptsatz (Trägersatz) und einem Nebensatz (Gliedsatz).

Das Kind wächst. · Das kleine Mädchen, das auf einem Fahrrad fährt, hat rote Schuhe an.

Ein **Hauptsatz** besteht mindestens aus einem Subjekt und einem Prädikat (↑ S. 75).
Zusätzliche Informationen werden von den Ergänzungen, den Objekten (↑ S. 76 ff.) und adverbialen Bestimmungen (↑ S. 79 ff.), geliefert.

Sie liest. (Subjekt, Prädikat) · Sie liest gerade ein Buch. (Subjekt, Prädikat, adverbiale Bestimmung der Zeit, Objekt)

Ein **Nebensatz** wird durch Wörter wie *weil, als, nachdem* und zahlreiche andere unterordnende Konjunktionen (↑ S. 63 f.) an den Hauptsatz gebunden.

- Bei Nebensätzen steht die konjugierte Form des Verbs (Personalform) am Ende.
- Nebensätze können nicht allein, d. h. ohne Hauptsatz, stehen.
- Nebensätze sind dem Hauptsatz entweder nach- (1) oder vorangestellt (2) oder in ihn eingeschoben (3).

(1) Er kam nach Mannheim zurück, **nachdem er drei Wochen in Rom gewesen war.**
(2) **Nachdem er drei Wochen in Rom gewesen war,** kam er nach Mannheim zurück.
(3) Er kam, **nachdem er drei Wochen in Rom gewesen war,** nach Mannheim zurück.

Satzglieder

Haupt- und Nebensätze lassen sich noch weiter in ihre Bestandteile zerlegen. Solche Satzglieder sind in der Regel diejenigen Teile des Satzes, die man als selbstständige Teile verschieben kann. Satzglieder können einzelne Wörter oder Wortgruppen sein.

Sie liest.
Sie liest gerade ein Buch.

Um festzustellen, welche Wörter zusammengehören und auf diese Weise ein sogenanntes Satzglied bilden, gibt es zwei sichere Methoden:

- die Umstell- oder Verschiebeprobe,
- die Ersatzprobe.

Umstell- oder Verschiebeprobe:
Die Teile eines Satzes, die auch dann zusammenbleiben müssen, wenn du einen Satz umstellst, bilden jeweils ein Satzglied. Nur komplette Satzglieder lassen sich umstellen oder verschieben.
Aufgepasst: Bei der Umstellprobe dürfen die Wörter in ihrer Form nicht verändert werden, und der Satz muss weiterhin sinnvoll und vollständig sein.

Nach einer Weile | kommt | Pauls Schwester.

Pauls Schwester | kommt | nach einer Weile.

Ersatzprobe:
Ein Satzglied kann immer nur durch ein anderes Satzglied der gleichen Art ersetzt werden. Folgende Methode ist sehr hilfreich: Überlege, welches Wort bzw. welche zusammengehörenden Wörter ersetzt werden können, dann weißt du, welches Wort bzw. welche Wörter ein Satzglied bilden.

Pauls Schwester | kommt | nach einer Weile.
Sie | kommt | später.
Elke | kommt | in einer Stunde.

Das kleine Foto mit den Kindern | gefiel uns am besten.
Es | gefiel uns am besten.
Es = das kleine Foto mit den Kindern (Subjekt)

Meine Tochter | sieht | ein schönes Kleid | im Schaufenster.
Sie | sieht | es | dort.

Heidrun | näht | bunte Sommerkleider | in den Ferien.
Sie | näht | sie | dann.

Manchmal ist es sinnvoll, die Ersatzprobe anzuwenden und gegebenenfalls einzelne Satzglieder auszutauschen, um den Inhalt bzw. die Bedeutung eines Satzes zu verdeutlichen.

Das Medikament ist **natürlich wirksam.**
Natürlich (selbstverständlich) ist das Medikament wirksam. Oder: Das Medikament wirkt auf der Basis natürlicher Stoffe.

Prädikat

Das Prädikat ist der wichtigste Teil des Satzes. Es drückt aus, was jemand oder etwas ist oder was geschieht. Das Prädikat wird immer von einem konjugierten Verb gebildet. Es kann mehrteilig sein.

Sie **liest** ein Buch.

Aufgepasst: Bei der Umstellprobe (↑ S. 73) ist das Prädikat genau jenes Satzglied, das seine Stellung nicht verändert. Es steht im Satz immer an zweiter Stelle.

Tobias **hat** schöne Ferien **gehabt.**

Es gibt Verben,
- die nur mit einem Subjekt stehen,
- und Verben ohne Ergänzungen, die **absoluten Verben.**

Die Blume wächst.
Es regnet.

Subjekt

Das Satzglied, das mit *wer?* oder *was?* erfragt werden kann, nennt man Subjekt (Satzgegenstand). Es
- besteht aus einem oder mehreren Wörtern,
- steht immer im Nominativ (1. Fall).

Der Lehrer liest ein Buch. · **Jeder** in der Klasse spielt ein Musikinstrument.

Manchmal ist auch ein ganzer Satz Subjekt. Man spricht dann von einem **Subjektsatz.** Wende die Ersatzprobe an, um herauszufinden, ob es sich um einen Subjektsatz handelt.

Wann er kommt, interessiert uns nicht.

Objekt

Manchmal reicht es nicht aus, zu sagen, wer handelt oder was geschieht. Man will wissen, auf wen oder was sich ein Geschehen bezieht. Eine solche Ergänzung nennt man Objekt. Das Verb bestimmt, wie viele und welche Ergänzungen notwendig sind, damit ein vollständiger Satz entsteht.

Sie liest.
Sie liest ein Buch.

Das **Akkusativobjekt** beantwortet die Frage *wen?* oder *was?*. Wie auch das Subjekt und das Dativ- oder Genitivobjekt können Akkusativobjekte aus mehreren Wörtern und unterschiedlichen Wortarten bestehen:

- aus Substantivgruppen (Substantiv mit Begleiter (1) und eventuell schmückenden Adjektiven),

(1) Der Junge ruft **den (kleinen) Hund.** · Die Schüler beantworten **die Frage.**

- aus Pronomen (2),

(2) Es ekelt **ihn.** · Sie nervt **mich.**

- aus Nebensätzen (3).

(3) Ich weiß, **was los ist.**

Es gibt Verben, denen immer ein Akkusativobjekt folgt, z. B. *suchen, besuchen, nehmen*. Solche Verben nennt man **transitive Verben.**

Ich besuche **dich.** · Hanna pflegt **den Igel.** · Ich nehme **das Buch.** · Ich suche **den Stift.**

Intransitive Verben sind Verben
- ohne Akkusativobjekt und Verben,
- deren Objekt in einem anderen Kasus als dem Akkusativ steht,
- deren Objekt von einer Präposition eingeleitet wird.

Viele Verben können transitiv oder intransitiv gebraucht werden.

Der Igel zitterte.
Mira half **dem Igel.**
Ich warte **auf dich.**

Ich koche Nudeln. · Ich koche gern.

Das **Dativobjekt** gibt Antwort auf die Frage *wem?*. Dativobjekte sind Substantivgruppen oder Pronomen.

Sie hilft **ihrem Freund.** · Sie hilft **ihm.**

Akkusativ- und Dativobjekt:
Gibt es in einem Satz mehrere Objekte, so ist das Akkusativobjekt unbedingt notwendig; auf das Dativobjekt hingegen kann verzichtet werden:

	Dativobjekt	Akkusativobjekt
Peter zeigt	Frank (wem?)	das Buch (was?).
	dem Vater (wem?)	das Buch (was?).
	ihm/ihr (wem?)	das Buch (was?).

Das **Genitivobjekt** beantwortet die Frage *wessen?*. Es gibt nur wenige Verben, die ein Objekt im Genitiv verlangen. Genitivobjekte bestehen aus:
- Substantivgruppen (1),
- Pronomen (2),
- manchmal aus Nebensätzen (Infinitivsätzen) (3).

(1) Wir gedenken **unserer Verstorbenen.**
(2) Wir gedenken **seiner**.
(3) Ich erinnere mich, **ihn benachrichtigt zu haben.**

Objekt

Das **Genitivobjekt** wird heute nur noch selten gebraucht. Nur wenn sich das Fragewort *wessen?* auf das Verb bezieht, wird das Objekt erfragt. Bezieht sich das Fragewort auf ein Substantiv *(wessen Mantel?)*, erfragt man ein Genitivattribut (↑ S. 83).

Wessen gedenken wir? · Wessen erinnere ich mich?

Objekte mit einer Präposition (präpositionale Objekte) erkennst du daran, dass das Fragewort allein nicht ausreicht, um festzustellen, welche Wörter bzw. Wortgruppen zusammengehören. Anders ausgedrückt: Um ein präpositionales Objekt zu erkennen, brauchst du ein Fragewort und eine Präposition. Diese Präposition bestimmt auch den Kasus der gesamten Ergänzung. Es gibt verschiedene Formen des präpositionalen Objekts:

- präpositionaler Ausdruck
  Frage: Womit (mit was) rechnen sie?
  Die Schüler rechnen fest **mit deinem Kommen.**
- Infinitiv mit *zu*
  Frage: Worauf (auf was) hoffen wir?
  Wir hoffen, **den Preis zu gewinnen.**
- Pronominaladverb
  Frage: Worüber (über was) freut er sich?
  Er freut sich **darüber.**
- Gliedsatz
  Frage: Woran (an was) zweifelte sie?
  Sie zweifelte, **ob er die Wahrheit sagte.**

Adverbiale Bestimmungen

Adverbiale Bestimmungen bzw. Ergänzungen bezeichnen die genaueren Umstände des Satzgeschehens (Zeit, Ort, Ursache, Ziel usw.). Die einzelnen adverbialen Bestimmungen unterscheiden sich durch ihre Bedeutung voneinander. Adverbiale Bestimmungen antworten auf die Fragen *wann?, wie lange?, wo?, warum?, wie?* usw.
Sie werden häufig durch Präpositionen eingeleitet und machen genauere Angaben zu einem Sachverhalt und den Umständen.
Folgende Wortarten können als adverbiale Bestimmungen vorkommen: Adverbien, Adjektive oder Substantive mit oder ohne Präposition.

heute · lautlos · an der Imbissbude

Obwohl adverbiale Bestimmungen für die Vollständigkeit eines Satzes nicht notwendig sind, tragen sie besondere Bedeutung für die Genauigkeit der zu übermittelnden Information.

jeden Tag · dorthin · zu wenig · aus Liebe

Adverbiale Bestimmungen der Zeit (Temporaladverbiale) können mit den Fragewörtern *wann?, wie oft?, wie lange?, seit wann?, bis wann?* erfragt werden.

Morgen besuche ich dich. · Er geht **jeden Tag** spazieren. · **Seit gestern** regnet es. · Du hast Zeit **bis morgen.**

Adverbiale Bestimmungen

Adverbiale Bestimmungen der Zeit geben Auskunft über den Zeitpunkt, die Wiederholung oder die Dauer eines Geschehens bzw. Sachverhalts. Häufig stehen sie mit Präpositionen wie *nach, bis, seit, vor, während.*

(↑ S. 79)

Adverbiale Bestimmungen des Ortes (Lokaladverbiale), die mit den Fragewörtern *wo?, wohin?, woher?, wie weit?* erfragt werden können, geben Auskunft über den Ort, die Richtung, die Herkunft oder die räumliche Ausdehnung eines Sachverhalts oder Geschehens.
Häufig stehen sie mit Präpositionen wie *im, in, vor, auf, unter, dort, über, von, vom, zum, zwischen, bis.*

Die Mannschaft trainiert **in der Halle.** · Wir gehen auch **dorthin.** · Ich komme **vom Lande.** · Der Weg führt **bis zum Wald.**

Adverbiale Bestimmungen des Grundes (Kausaladverbiale), die mit den Fragewörtern *warum?, wodurch?, von wem?* erfragt werden können, geben Auskunft über den Grund eines Sachverhalts oder Geschehens. Häufig stehen sie mit Präpositionen wie *aus, von, wegen, durch.*

Aus Liebe vergab er ihr. · **Wegen** der vielen Überstunden war sie im Stress. · Der Boden ist **vom Salz** geschädigt. · **Deshalb** geht er früh ins Bett.

Adverbiale Bestimmungen der Art und Weise (Modaladverbiale), die mit den Fragewörtern *wie?, wie viel?, wie sehr?, um wie viel?, woraus?* erfragt werden können, geben Auskunft über die Beschaffenheit, die Quantität und Qualität, die Intensität, die Unterschiedlichkeit oder das Material eines Satzgegenstands.
Häufig stehen sie mit Präpositionen wie *aus, durch, mit, um, unter.*

Wir unterhielten uns **vergnügt.** · Er war darüber **zu Tode** erschrocken. · Sie ist **Sekunden schneller** als du.

Adverbiale Bestimmungen des Mittels (Instrumentaladverbiale), die mit den Fragewörtern *womit?, wodurch?* erfragt werden können, geben Auskunft über Mittel oder Werkzeug, das zu einem Geschehen oder Sachverhalt beiträgt. Vereinfachend können Instrumentaladverbiale auch den Modaladverbialen zugerechnet werden.

Sie öffnete den Schrank **mit einem Brecheisen.**· **Durch Schaden** wird man klug. · **Mit Nachsicht** ist da nichts zu erreichen.

Adverbiale Bestimmungen des Zwecks (Finaladverbiale), die mit den Fragewörtern *wozu?, in welcher Absicht?, mit welchem Ziel?, zu welchem Zweck?* erfragt werden können, geben Auskunft über den Zweck, das Ziel oder die Absicht einer Handlung oder eines Geschehens.

Du bist hier nicht **zum Vergnügen** angestellt. · **Zum Schreiben** braucht man Ruhe.

Adverbiale Bestimmungen

Adverbiale Bestimmungen der Bedingung (Konditionaladverbiale), die mit *unter welcher Bedingung?* erfragt werden können, geben Auskunft über die näheren Umstände eines Geschehens oder Sachverhalts.

Unter normalen Umständen würde ich mir das nicht gefallen lassen.

Adverbiale Bestimmungen der Folge (Konsekutivadverbiale), die mit den Fragewörtern *mit welcher Wirkung?, mit welcher Folge?* erfragt werden können, benennen die Folge(n) eines Geschehens oder Ereignisses.

Es ist wirklich zu kalt **zum Sonnenbaden.**

Adverbiale Bestimmungen der Einräumung (Konzessivadverbiale), die mit den Fragewörtern *trotz wessen?, trotz welchen Umstands?* erfragt werden können, geben Auskunft über den (wirkungslosen) Gegengrund eines Geschehens.

Trotz der Hitze ging die Arbeit gut voran. · Der Beschluss kam **ungeachtet aller Widerstände** zustande.

Wortstellung

Die Bedeutung eines Satzes ergibt sich aus seinen einzelnen Teilen und ihrer Anordnung (Wortstellung). Das Deutsche hat eine relativ freie Wortstellung, da die zusammengehörigen Satzglieder grammatisch bestimmt und gekennzeichnet sind (↑ S. 84 f.).

Heute liefert die Spedition die neuen Möbel an. – Die Spedition liefert die neuen Möbel **heute** an.

Attribut

Das Attribut stellt kein selbstständiges Satzglied dar, sondern ist ein Satzgliedteil. Es lässt sich im Satz nur mit dem dazugehörigen Satzglied umstellen und wird nicht mithilfe des Prädikats erfragt.
Attribute erläutern die besonderen Merkmale einer Person oder Sache. Sie können vor oder hinter dem Bezugswort stehen.
Es gibt verschiedene Formen des Attributs:

erstklassige Entspannung für die ganze Familie · bärenstarke Ferien

Adjektiv

Ich habe dir einen **schönen neuen** Mantel gekauft.

Adverb

In das Haus **dort** werde ich einziehen.

Genitivattribut

Die Obstbäume **des Gartens** werden geschnitten.

präpositionales Attribut

Hier gibt es Schreibblöcke **mit Rand.**

Attributsatz

Der Fuß, **den ich mir verstaucht habe,** tut noch weh.

Infinitiv mit *zu*

Die Möglichkeit, **selber zu entscheiden,** war gegeben.

Apposition

Tom, **der Schülersprecher der Klasse,** redete mit uns.

Adverbiale Bestimmung oder Attribut?

Adverbiale Bestimmungen und Attribute gibt es zahlreich. Der wichtigste Unterschied ist:

- Eine adverbiale Bestimmung ist ein Satzglied, das oft (aber nicht immer!) aus mehreren Bestandteilen besteht.
- Ein Attribut dagegen ist kein selbstständiges Satzglied, sondern lediglich ein Satzgliedteil.

Umstellprobe: adverbiale Bestimmung

Mit der Umstellprobe stellst du fest, dass du das Wort oder die Wörter, die du bestimmen sollst, an viele Stellen im Satz setzen kannst, ohne dass sich der Sinn des Satzes verändert.

Marie | spielt | in ihrer Freizeit | gern | Theater.

Marie ↓ Subjekt, spielt ↓ Prädikat, Theater ↓ Akkusativobjekt

1 Frage: Was sind *in ihrer Freizeit* und *gern?* Adverbiale Bestimmung oder Attribut?

2 Alle eigenständigen Satzglieder lassen sich, außer dem Prädikat, umstellen:

Marie | spielt | in ihrer Freizeit | gern | Theater.
Marie | spielt | gern | Theater | in ihrer Freizeit.
In ihrer Freizeit | spielt | Marie | gern | Theater.
Gern | spielt | Marie | Theater | in ihrer Freizeit.

3 Frage: Was sind *in ihrer Freizeit* und *gern* für adverbiale Bestimmungen?

4 | in ihrer Freizeit | kann mit *wann?* erfragt werden.
→ **Temporaladverbiale**

| gern | kann mit *wie?* erfragt werden.
→ **Modaladverbiale**

Merke dir gut:
Die Umstellprobe hilft dir, beide Möglichkeiten sicher voneinander zu unterscheiden. Bei diesem Verfahren ist es wichtig, dass der Satz grammatisch korrekt bleibt und sich die inhaltliche Aussage nicht wesentlich verändert.

Umstellprobe: Attribut

Mit der Umstellprobe stellst du fest, dass das Wort, das du bestimmen sollst, immer mit seinem Bezugswort verbunden bleibt.

Marie spielt in ihrer knappen Freizeit gern experimentelles Theater.

1. Frage: Was sind *knappen* und *experimentelles?*
   Adverbiale Bestimmung oder Attribut?

2. Alle Satzglieder lassen sich umstellen. Aber *knappen* und *experimentelles* können nicht die erste Stelle im Satz einnehmen, d. h., sie können nicht vor dem Prädikat stehen.

Marie | spielt | in ihrer knappen Freizeit | gern |
↓ ↓ ↓ ↓
Subjekt | Prädikat | Temporaladverbiale | Modaladverbiale |

experimentelles Theater.
↓
Akkusativobjekt

3. Daraus folgt:
   knappen und *experimentelles* sind **Attribute** und gehören als Satzgliedteile zu ihren Bezugswörtern *Freizeit* und *Theater.*

9 Zusammengesetzte Sätze

Hauptsätze, Nebensätze und Gliedsätze

Den einfachen Satz und den Satz, der durch Objekte ergänzt wird, hast du bereits kennengelernt (↑ S. 70–85). Sätze lassen sich aber auch aus Teilsätzen zusammensetzen. Man spricht dann von einem zusammengesetzten Satz. Dieser besteht aus mindestens zwei Teilsätzen, die gemeinsam eine neue Sinneinheit bilden.
Man unterscheidet zwei Arten von Teilsätzen:
- den Hauptsatz (1),
- den Nebensatz oder Gliedsatz (2).

(1) Das ist ein Hauptsatz.
(2) Der Satz, den ich geschrieben habe, ist kurz und sinnvoll.

Satzreihe

Hauptsatz + Hauptsatz = Satzreihe. Eine Verbindung von zwei oder mehreren selbstständigen, gleichrangigen Teilsätzen nennt man Satzreihe.
Aufgepasst: Satzreihen können mit oder ohne Konjunktion verbunden werden.

Der Schreck fuhr uns in die Glieder, das Lachen erstarb uns auf den Lippen. · Der Film war gut, doch es fehlte der Humor.

Satzgefüge

Hauptsatz + Teilsatz = Satzgefüge. Eine Verbindung von zwei oder mehreren Teilsätzen, bei der der eine dem anderen untergeordnet ist, nennt man Satzgefüge.
Teilsätze werden nach der Art ihrer Verknüpfung oder nach Art des Inhalts eingeteilt.

Ich kannte das Buch schon, das ich lesen sollte.

Nebensätze nach Art der Verknüpfung

Relativsätze werden durch ein Relativpronomen (↑ S. 53) oder ein Relativadverb eingeleitet:
der, die, das, welcher, welche, welches, wo, wie, wohin, woher, wodurch, wer, was.
Dabei bezieht sich das Relativpronomen auf ein Wort aus dem Hauptsatz und stimmt mit diesem Wort im Genus und Numerus überein.

Sprichst du von dem Mann, **den wir gestern getroffen haben?** · Das Geld, **das ich im Sommer verdient habe,** ist leider schon ausgegeben.

Der Kasus richtet sich nach dem vom Relativpronomen verwirklichten Satzglied.

Das Schönste, was ich finden konnte, habe ich mitgebracht.

Aufgepasst: Vor dem Relativpronomen im Nebensatz kann eine Präposition stehen.

Ich zeige dir morgen das Haus, **in das** ich einziehen werde.

Nebensätze nach Art der Verknüpfung

Konjunktionalsätze werden durch eine unterordnende Konjunktion an den Hauptsatz angeknüpft: *dass, wenn, als, ob.*

Ich glaube, **dass** ich mein Ziel erreiche. · Es ist noch nicht sicher, **ob** wir in Urlaub fahren können.

Interrogativsätze (oder indirekte Fragesätze) werden durch ein Interrogativpronomen eingeleitet: *was, wann, wer, wie, wo, warum, weshalb.*

Ich wusste nicht, **was** ich tun sollte. · Nach Stunden fragte er mich, **wann** wir das Ziel endlich erreichen.

Infinitivsätze werden mit dem erweiterten Infinitiv mit *zu* gebildet. Man spricht vom „erweiterten" Infinitiv, da dieser nähere Bestimmungen mit sich führt, z. B. die Wörtchen *ohne* und *um.*

Die Mannschaft beschließt, **nicht vorschnell aufzugeben.** · Ich dachte mir, **um schnell zu dir zu kommen,** nehme ich den Zug.

Partizipialsätze werden mit dem Partizip Präsens oder Partizip Perfekt (↑ S. 17) gebildet. Der Teilsatz bezieht sich auf das Subjekt des Hauptsatzes.

Auf eine Antwort hoffend[,] wartete sie schon früh auf den Briefträger.

Gliedsätze

Nebensätze werden nach ihrer Form unterschieden. Betrachtet man aber die Funktion, so spricht man von Gliedsätzen.

Ein Gliedsatz trägt den Namen des Satzgliedes, dessen Stelle er einnimmt.

Subjektsätze:
Steht der Gliedsatz an der Stelle des Subjekts eines Satzes, kann mit *wer?* oder *was?* danach gefragt werden.

Wer pünktlich kam, schaffte die Arbeit ohne Probleme.

Objektsätze:
Der Gliedsatz tritt an die Stelle eines Objekts und wird mit den für den Kasus bestimmten Fragewörtern *wessen?, wem?, wen?, was?* ermittelt. Am häufigsten kommen Objektsätze anstelle einer Akkusativergänzung vor.

einfacher Satz mit Objekt		**Satzgefüge mit Objektsatz**
Wir erinnerten uns **der schon gesehenen Filme.**	wessen?	Wir erinnerten uns, **welche Filme wir schon gesehen hatten.**
Ich vertraue **meinem Freund.**	wem?	**Wer mein Freund ist,** dem vertraue ich.
Er möchte **unsere Hilfe** nicht.	wen?, was?	Er möchte nicht, **dass wir ihm helfen.**

Gliedsätze

Adverbialsätze:
Man spricht von Adverbialsätzen, wenn der Teilsatz an die Stelle einer adverbialen Bestimmung tritt. Ein Adverbialsatz antwortet auf die Fragen *wo?*, *wann?*, *wie?*, *warum?* usw.

Einfacher Satz mit Adverbialbestimmung		Satzgefüge mit Adverbialsatz
Ich werde den Winter **in einem warmen Land** verbringen.	wo?	**Lokalsatz:** Den Winter verbringe ich, **wo es warm ist.**
Nach dem Essen tranken wir Tee.	wann?	**Temporalsatz: Als das Essen beendet war,** tranken wir Tee.
Die Zuhörer begrüßend, begann er seine Rede.	wie?	**Modalsatz:** Er begann seine Rede, **indem er die Zuhörer begrüßte.**
Wegen des Regens gehen wir nicht wandern.	warum?	**Kausalsatz: Weil es regnet,** gehen wir nicht wandern.
Zur Klärung der Streitfrage führten wir eine Diskussion.	mit welchem Ziel?	**Finalsatz: Um die Streitfrage zu klären,** führten wir eine Diskussion.

Attributsätze:
Der Attributsatz ist ein Teilsatz, der an die Stelle eines Attributs tritt und mit den Fragepronomen *welcher?*, *welches?* oder *welche?* erfragt werden kann. Die wichtigste Form des Attributsatzes ist der Relativsatz (↑ S. 87).

Das Buch, das ich suchte, (das gesuchte Buch) fand ich in einem Fachgeschäft.

Die Zeitenfolge im Satzgefüge

	Hauptsatz	Gliedsatz
Vorzeitige Handlung des Gliedsatzes	**Präsens** Wir machen die Aufgabe später,	**Präsens** wenn du erst zum Arzt musst.
	Präsens Ich bin froh,	**Perfekt** weil ich dich getroffen habe.
	Präteritum Ich kam zu spät,	**Plusquamperfekt** da ich den Zug verpasst hatte.
	Futur Wir werden schon morgen fliegen,	**Präsens** wenn ich heute die Tickets bekomme.
Gleichzeitige Handlung von Hauptsatz und Gliedsatz	**Präsens** Es ist so stürmisch,	**Präsens** dass sich die kleinen Bäume bis zur Erde biegen.
	Präteritum Ich öffnete die Tür,	**Präteritum** als er die Treppe heraufkam.
	Perfekt Wir haben das Licht angeschaltet,	**Perfekt** da es dunkel geworden ist.
Nachfolgende Handlung des Gliedsatzes	**Präsens** Er liest so lange,	**Präsens** bis ihm die Augen zufallen.
	Präteritum Es schneite stundenlang,	**Präteritum** sodass man nicht mehr aus der Tür kam.
	Futur Ich werde das Bild fertig malen,	**Präsens** wenn ich Ferien habe.

Das **Hochdeutsche,** das man auch **Standardsprache** nennt, ist die allgemein verbindliche Sprachform, die in der Schule gelehrt wird und die du als geschriebene Sprache auch in diesem Buch vorfindest. Während es für das Hochdeutsche verbindliche Sprachnormen gibt, gilt dies nur in begrenztem Maße für **Abweichungen vom Hochdeutschen,** die in verschiedenen Sprachgemeinschaften gebraucht werden.

Dialekte

Dialekte, z. B. Bayerisch oder Schwäbisch, werden regional begrenzt gesprochen. Für die Sprecher eines Dialekts drückt sich darin eine besondere Zugehörigkeit aus.

oans, zwoa, zehne (eins, zwei, zehn)
I ben so mied. (Ich bin so müde.)

Umgangssprache

Die Umgangssprache (Alltagssprache) folgt zwar nicht allen Regeln der Hoch- oder Standardsprache, ist aber auch kein Dialekt. Die Abweichungen von der Standardsprache sind so gering, dass die Umgangssprache allgemein verständlich ist.

Sie ist immer durch die Sprache bestimmter Teile der Gesellschaft geprägt. So werden z. B. die Jugend- und Szenesprache in einer Altersgruppe oder Szene (Musik-, Mode-, Computerwelt) gesprochen. Aber auch die Sprache unter Sportlern oder Fachsprachen von Wissenschaftlern sind Gruppensprachen. Sie sind Zeichen einer Gemeinschaft und dienen u. a. der internationalen Verständigung. Hierbei haben die Anglizismen die Nase vorn.

Jugendsprache:	Mann, ist das krass. · Da haste kein Raff von. · Ich hab kein Bock.
Gruppensprache:	Reich mir mal das Skript rüber. · Ich forwarde dir die Mail.

Anglizismen

In die Sprache des Sports, der Musik, der Wirtschaft und Technik haben sogenannte Anglizismen, d. h. Wörter aus dem Englischen und Amerikanischen, längst Eingang gefunden. So kommen etwa die meisten Internetbegriffe aus dem Englischen, sie beeinflussen auch die Umgangs- und Schriftsprache.

E-Mail · Provider · Account · log-in · Homepage · Browser

Häufig wird versucht, solche Begriffe einzudeutschen, indem sie

- übersetzt werden (1),
- wie deutsche Wörter konjugiert werden (2),
- deutschsprachige Prä- oder Suffixe erhalten (3).

(1) elektronische Post (statt E-Mail) · Anbieter (statt Provider) · Konto (statt Account)
(2) Ich forwarde dir die Mail. · downloaden · chatten
(3) einloggen · auschecken

Der Einfluss des Mündlichen auf das Schriftliche

Der frühere (Informations-)Austausch durch Briefe wurde mehr und mehr vom Telefonieren abgelöst. Damit hat sich die Kommunikation wesentlich geändert: Nicht ein geschriebener Text in Standardsprache, sondern umgangssprachliche Formen werden übermittelt. Den gestiegenen Einfluss des Mündlichen auf das Schriftliche kann man nicht nur an den beliebten SMS-Nachrichten erkennen. Mittlerweile sitzen User vor ihren Computern, chatten im Cyberspace und haben sogar ihre eigene Zeichensprache wie etwa Emoticons oder Talk-Modes.

Emoticons:	:-)) sehr zufrieden, alles okay
	;-) Augenzwinkern
Talk Modes:	ASAP = **a**s **s**oon **a**s **p**ossible
	HB2U = Happy birthday to you!

Testfragen

Hier kannst du testen, wie gut du die deutsche Grammatik beherrschst. Zu jeder Frage gibt es genau *eine* richtige Antwort. Wenn du unsicher bist oder mehr wissen möchtest, zeigen dir die Seitenverweise am Rand, wo du ausführlichere Informationen findest. Die Lösungen stehen auf Seite 109.
Du kannst die Fragen auch als Lernquiz auf dein Handy herunterladen; wie das geht, steht auf der vorderen Umschlagklappe.

Schwierigkeitsgrad: einfach

↑S. 4 **1** Wie nennt man den Hauptbestandteil eines Wortes, der meist nicht verändert wird?

☐ a) Wortmitte.
☐ b) Wortkörper.
☐ c) Wortstamm.

↑S. 46 **2** Bei *der, die, das* handelt es sich um ...

☐ a) unbestimmte Artikel.
☐ b) bestimmte Artikel.

↑S. 47 **3** Das Wort *Milch* ...

☐ a) gibt es nur im Singular.
☐ b) gibt es nur im Plural.
☐ c) hat mehrere gleichberechtigte Pluralformen.

↑S. 39 **4** Was kann der Imperativ ausdrücken?

☐ a) Eine Bitte.
☐ b) Einen Befehl.
☐ c) Beides.

↑S. 17 **5** Wie wird das Partizip Präsens gebildet?

☐ a) Durch Anhängen von *-(e)nd* an den Verbstamm.
☐ b) Durch Anhängen der Endung *-t* oder *-en*.
☐ c) Mit der Vorsilbe *ge-*.

6 Die Steigerung ist eine besondere Form der Wortveränderung bei ... ↑S. 6

- ☐ a) Adjektiven.
- ☐ b) Substantiven.
- ☐ c) Verben.

7 Mit welcher Wortart werden die Eigenschaften oder Merkmale einer Person oder Sache beschrieben? ↑S. 54

- ☐ a) Mit Adverbien.
- ☐ b) Mit Adjektiven.
- ☐ c) Mit Pronomen.

8 Verben und Substantive gehören zu den ... ↑S. 7

- ☐ a) flektierbaren Wortarten.
- ☐ b) nicht flektierbaren Wortarten.

9 Wie viele Konsonanten und wie viele Diphthonge enthält das Wort *Apfelbaum?* ↑S. 8

- ☐ a) Fünf Konsonanten und einen Diphthong.
- ☐ b) Vier Konsonanten und einen Diphthong.
- ☐ c) Zwei Konsonanten und zwei Diphthonge.

10 Wie nennt man die Formveränderung von Verben? ↑S. 6

- ☐ a) Konjunktion.
- ☐ b) Konjugation.
- ☐ c) Deklination.

11 Wie nennt man Doppellaute wie *ai* und *eu*, die aus zwei Vokalen gebildet werden? ↑S. 9

- ☐ a) Diphthonge.
- ☐ b) Doppelvokale.
- ☐ c) Umlaute.

12 Welcher ist der dritte Fall? ↑S. 48

- ☐ a) Der Akkusativ.
- ☐ b) Der Dativ.
- ☐ c) Der Genitiv.

↑S. 48 **13** In welchem Kasus steht folgendes Substantiv: *des Buches?*
- ☐ a) Im Dativ.
- ☐ b) Im Nominativ.
- ☐ c) Im Genitiv.

↑S. 70 **14** Was steht am Ende eines Aussagesatzes?
- ☐ a) Ein Ausrufezeichen.
- ☐ b) Ein Fragezeichen.
- ☐ c) Ein Punkt.

↑S. 37 **15** Welche deutsche Bezeichnung gibt es für den Imperativ?
- ☐ a) Die Wirklichkeitsform.
- ☐ b) Die Befehlsform.

↑S. 6 **16** Wie viele Steigerungsstufen gibt es?
- ☐ a) Vier.
- ☐ b) Zwei.
- ☐ c) Drei.

↑S. 9 **17** Was ist beim Wort *Verklärung* das Suffix?
- ☐ a) Ver-
- ☐ b) klär-
- ☐ c) ung

↑S. 77 **18** Auf welche Frage gibt das Dativobjekt Antwort?
- ☐ a) Auf die Frage *wen?*
- ☐ b) Auf die Frage *wem?*

↑S. 4 **19** Wie lautet die Nennform des Wortes *Türme?*
- ☐ a) Turm.
- ☐ b) Turmes.
- ☐ c) Türmen.

↑S. 46 **20** Wie viele Genera (Geschlechter) gibt es im Deutschen?
- ☐ a) Drei.
- ☐ b) Vier.
- ☐ c) Zwei.

21 Nach welchem Fall fragt man mit *wer oder was?* ↑ S. 48
- ☐ a) Nach dem Nominativ.
- ☐ b) Nach dem Genitiv.
- ☐ c) Nach dem Akkusativ.

22 Welche Steigerungsstufe ist die Höchststufe? ↑ S. 6
- ☐ a) Der Komparativ.
- ☐ b) Der Superlativ.
- ☐ c) Der Positiv.

23 Was steht nach einem Ausruf wie zum Beispiel *Huch?* ↑ S. 71
- ☐ a) Ein Punkt.
- ☐ b) Nichts.
- ☐ c) Ein Ausrufezeichen.

24 Wie wird die Nennform oder Grundform von Verben genannt? ↑ S. 13
- ☐ a) Infinitiv.
- ☐ b) Imperativ.
- ☐ c) Komparativ.

25 Das Satzglied, das mit *wer oder was?* erfragt werden kann, ... ↑ S. 75
- ☐ a) nennt man Objekt.
- ☐ b) nennt man Subjekt.
- ☐ c) nennt man Prädikat.

26 Was gilt grundsätzlich für die Schreibung von Substantiven? ↑ S. 47
- ☐ a) Sie werden kleingeschrieben.
- ☐ b) Sie werden großgeschrieben.
- ☐ c) Sie stehen meist ohne Artikel.

27 Wie nennt man das Hochdeutsche noch? ↑ S. 92
- ☐ a) Umgangssprache.
- ☐ b) Standardsprache.
- ☐ c) Alltagssprache.

↑S. 55 **28** Ist folgende Aussage richtig?
Alle Adjektive haben regelmäßige Steigerungsformen.

- ☐ a) Ja.
- ☐ b) Nein.

↑S. 48 **29** Wie nennt man die Beugung des Substantivs?

- ☐ a) Konjugation.
- ☐ b) Deklination.
- ☐ c) Substantivierung.

↑S. 5 **30** Was wird mit *Genus* bezeichnet?

- ☐ a) Zahl: Einzahl, Mehrzahl.
- ☐ b) Geschlecht: männlich, weiblich, sächlich.
- ☐ c) Fall: Nominativ, Genitiv, Dativ, Akkusativ.

↑S. 69 **31** Wie nennt man Endungen wie *-chen, -heit, -tum* und *-schaft?*

- ☐ a) Suffixe.
- ☐ b) Präfixe.

↑S. 13 **32** Was gilt für die Schreibung von Verben?

- ☐ a) Sie werden kleingeschrieben.
- ☐ b) Sie können konjugiert werden.
- ☐ c) Beides.

↑S. 76 **33** Auf welche Verben folgt immer ein Akkusativobjekt?

- ☐ a) Auf transitive Verben.
- ☐ b) Auf intransitive Verben.
- ☐ c) Auf alle Verben.

Schwierigkeitsgrad: mittel

↑S. 14 **34** Welche Verben dienen dazu, bestimmte Zeitformen und das Passiv zu bilden?

- ☐ a) Modifizierende Verben.
- ☐ b) Hilfsverben.
- ☐ c) Zustandsverben.

35 Das Vorgangspassiv beschreibt ... ↑ S. 33

☐ a) einen Zustand.
☐ b) ein Ergebnis.
☐ c) eine Handlung.

36 Bei der indirekten Rede werden Hinweise auf Personen, Ort und Zeit ... ↑ S. 39

☐ a) an die eigene Perspektive angepasst.
☐ b) unverändert übernommen.

37 Welche Zeitform wird mit einer Form von *haben* oder *sein* + Partizip Perfekt gebildet? ↑ S. 22

☐ a) Das Präteritum.
☐ b) Das Imperfekt.
☐ c) Das Perfekt.

38 Als was bezeichnet man Aktiv und Passiv? ↑ S. 32

☐ a) Als Genus Verbi.
☐ b) Als Modus.
☐ c) Als Numerus.

39 Wörter, die stellvertretend für ein Substantiv stehen können, heißen ... ↑ S. 50

☐ a) Präpositionen.
☐ b) Konjunktionen.
☐ c) Pronomen.

40 Wie nennt man Pronomen, die auf etwas oder auf jemanden hinweisen? ↑ S. 52

☐ a) Reflexivpronomen.
☐ b) Personalpronomen.
☐ c) Demonstrativpronomen.

41 Nebensätze können ... ↑ S. 72

☐ a) nicht allein stehen.
☐ b) allein stehen.
☐ c) manchmal allein stehen.

↑S. 33 **42** Ist die folgende Aussage korrekt? *Alle Verben können ein Passiv bilden.*

- ☐ a) Nein.
- ☐ b) Ja.

↑S. 12 **43** Die Wörter *liegen, wohnen, leben* und *glauben* gehören zu den ...

- ☐ a) Tätigkeitsverben.
- ☐ b) Zustandsverben.
- ☐ c) Vorgangsverben.

↑S. 18 **44** Um welche Zeitform handelt es sich? *Ich hatte gesucht.*

- ☐ a) Um das Perfekt.
- ☐ b) Um das Präteritum.
- ☐ c) Um das Plusquamperfekt.

↑S. 13 **45** Die Verben *sehen, lieben* und *lesen* gehören zu den ...

- ☐ a) Hilfsverben.
- ☐ b) Modalverben.
- ☐ c) Vollverben.

↑S. 51 **46** Worauf bezieht sich ein Reflexivpronomen?

- ☐ a) Auf das Subjekt eines Satzes.
- ☐ b) Auf das Objekt eines Satzes.
- ☐ c) Auf beide.

↑S. 15 **47** Indikativ, Konjunktiv oder Imperativ bezeichnen ...

- ☐ a) die Handlungsart (Genus).
- ☐ b) die Person.
- ☐ c) die Aussageweise (Modus).

↑S. 72 **48** Der Satz *Das kleine Kind, das auf dem Fahrrad fährt, hat rote Schuhe an* ist ein ...

- ☐ a) einfacher Satz.
- ☐ b) zusammengesetzter Satz.
- ☐ c) Einzelsatz.

49 Wie nennt man Verben, die ein Akkusativobjekt bei sich haben? ↑S. 33

- ☐ a) Intransitive Verben.
- ☐ b) Transitive Verben.
- ☐ c) Reflexive Verben.

50 Was ist das sogenannte Erzähltempus? ↑S. 19

- ☐ a) Das Präsens.
- ☐ b) Das Präteritum.
- ☐ c) Das Perfekt.

51 Das Perfekt bezeichnet ein Geschehen, das in der Vergangenheit abgeschlossen ist und ... ↑S. 22

- ☐ a) dessen Folgen in die Gegenwart reichen.
- ☐ b) keine Folgen in der Gegenwart hat.

52 Welche Wörter verbinden Sätze oder Satzteile miteinander? ↑S. 63

- ☐ a) Präpositionen.
- ☐ b) Pronomen.
- ☐ c) Konjunktionen.

53 Um was für eine Konjugation handelt es sich? ↑S. 27
Ich komme – ich kam – ich bin gekommen.

- ☐ a) Um eine regelmäßige Konjugation.
- ☐ b) Um eine unregelmäßige Konjugation.
- ☐ c) Um eine schwache Konjugation.

54 Wann spricht man vom *täterabgewandten Passiv?* ↑S. 33

- ☐ a) Wenn der Täter oder Urheber genannt wird.
- ☐ b) Wenn der Täter nicht genannt werden kann.
- ☐ c) Wenn der Täter nicht genannt werden soll.

55 Welche Pronomen geben ein Besitzverhältnis an oder drücken eine Zugehörigkeit aus? ↑S. 51

- ☐ a) Personalpronomen.
- ☐ b) Possessivpronomen.
- ☐ c) Demonstrativpronomen.

↑S. 18 **56** Welche Zeitform bezeichnet ein Geschehen, das sich gerade ereignet?

☐ a) Das Präsens.
☐ b) Das Perfekt.
☐ c) Das Präteritum.

↑S. 55 **57** Die Zahlen *eins, sieben* und *neuntausend* sind ...

☐ a) Ordinalzahlen.
☐ b) Ordnungszahlen.
☐ c) Kardinalzahlen.

↑S. 52 **58** Pronomen wie *jemand, alle, manche, etwas* oder *nichts* werden als ...

☐ a) Interrogativpronomen bezeichnet.
☐ b) Personalpronomen bezeichnet.
☐ c) Indefinitpronomen bezeichnet.

↑S. 19 **59** Wie bilden regelmäßige Verben das Präteritum?

☐ a) Mit der Silbe *-te*.
☐ b) Durch Veränderung des Stammvokals.

↑S. 39 **60** Ist diese Aussage korrekt?
Bei der indirekten Rede übernimmt man die Aussage eines anderen wörtlich.

☐ a) Ja.
☐ b) Nein.
☐ c) Manchmal ja, manchmal nein.

↑S. 66 **61** Was sind Komposita?

☐ a) Wortzusammensetzungen.
☐ b) Ableitungen.
☐ c) Wortkreuzungen.

↑S. 28 **62** Wie lautet das Futur II von *haben?*

☐ a) Er wird haben.
☐ b) Er würde haben.
☐ c) Er wird gehabt haben.

63 In der schwachen Deklination enden alle Pluralformen ... ↑ S. 49

☐ a) auf *-en.*
☐ b) auf *-n.*
☐ c) auf *-er.*

64 Wie viele Zeitformen gibt es im Deutschen? ↑ S. 18

☐ a) Sieben.
☐ b) Sechs.
☐ c) Fünf.

65 Welche Pronomen leiten einen Nebensatz ein? ↑ S. 53

☐ a) Relativpronomen.
☐ b) Indefinitpronomen.
☐ c) Personalpronomen.

66 Adverbien werden leicht mit Adjektiven verwechselt. Was ist der wichtigste Unterschied? ↑ S. 56

☐ a) Adverbien sind flektierbar.
☐ b) Adjektive sind flektierbar.
☐ c) Adverbien ändern ihre Form.

67 Die Konjunktionen *aber, oder* und *und* gehören zu den ... ↑ S. 63

☐ a) nebenordnenden Konjunktionen.
☐ b) unterordnenden Konjunktionen.
☐ c) überordnenden Konjunktionen.

68 Womit beginnen Ergänzungsfragen? ↑ S. 71

☐ a) Mit einem Fragewort.
☐ b) Mit der Personalform des Verbs.
☐ c) Beides ist möglich.

69 Adjektive wie *super, fit* und *klasse* ... ↑ S. 55

☐ a) lassen sich nicht steigern.
☐ b) lassen sich steigern.
☐ c) lassen sich manchmal steigern.

↑S. 70 **70** Die Frage *Hast du deine Hausaufgaben gemacht?* ist eine ...

☐ a) Ergänzungsfrage.
☐ b) Entscheidungsfrage.
☐ c) Aufforderungsfrage.

Schwierigkeitsgrad: schwer

↑S. 25 **71** Was drückt das Plusquamperfekt in Verbindung mit anderen Vergangenheitsformen aus?

☐ a) Vorzeitigkeit.
☐ b) Gleichzeitigkeit.
☐ c) Nachzeitigkeit.

↑S. 66 **72** Welche Aussage trifft zu? Wortzusammensetzungen sind ...

☐ a) nur im Englischen vorhanden.
☐ b) keine neuen Wortbildungen.
☐ c) neue Wortbildungen.

↑S. 68 **73** Um welche Art von Wortbildung handelt es sich bei dem Wort *Unmensch?*

☐ a) Um eine Derivation.
☐ b) Um ein Kompositum.
☐ c) Um eine Wortkreuzung.

↑S. 60 **74** Wann kommen Präpositionen mit einem anderen übergeordneten Wort vor?

☐ a) Nie.
☐ b) Meistens.
☐ c) Immer.

↑S. 61 **75** Bei Präpositionen, die verschiedene Fälle fordern, richtet sich der Kasus des Substantivs oder Pronomens ...

☐ a) nach der zuerst stehenden Präposition.
☐ b) nach der zuletzt stehenden Präposition.

76 Wenn ein ganzer Satz Subjekt ist, spricht man von einem ... ↑ S. 75

- ☐ a) vollständigen Satz.
- ☐ b) subjektiven Satz.
- ☐ c) Subjektsatz.

77 Um welche Attributform handelt es sich bei *dort* in folgendem Satz? ↑ S. 83
In das Haus dort werde ich einziehen.

- ☐ a) Um ein Adverb.
- ☐ b) Um ein Adjektiv.
- ☐ c) Um ein Genitivattribut.

78 Welche Adverbien beantworten die Fragen *wo?*, *wohin?*, *woher?* ↑ S. 57

- ☐ a) Lokaladverbien.
- ☐ b) Modaladverbien.
- ☐ c) Kausaladverbien.

79 Wörter wie *autsch!*, *oje!*, *hatschi!* und *rums!* nennt man ... ↑ S. 65

- ☐ a) Comicwörter.
- ☐ b) Interjektionen.
- ☐ c) Halbwörter.

80 Wie bezeichnet man die Personalformen eines Verbs noch? ↑ S. 15

- ☐ a) Als finite Formen.
- ☐ b) Als infinite Formen.
- ☐ c) Als reflexive Formen.

81 Zu welcher Gruppe von Präpositionen gehört die Präposition in folgendem Beispiel? ↑ S. 60
Ohne mein Wissen

- ☐ a) Art und Weise (modal).
- ☐ b) Grund, Zweck oder Folge (kausal).
- ☐ c) Zu keiner der beiden.

↑S. 83 **82** Was ist ein Attribut?
- ☐ a) Ein selbstständiges Satzglied.
- ☐ b) Ein Satzgliedteil.
- ☐ c) Beides ist möglich.

↑S. 37 **83** Um welche Aussageweise handelt es sich bei dem Verb im folgenden Satz? *Er kommt vielleicht morgen.*
- ☐ a) Um den Indikativ.
- ☐ b) Um den Konjunktiv I.
- ☐ c) Um den Konjunktiv II.

↑S. 90 **84** Auf welches Fragewort antwortet ein Adverbialsatz?
- ☐ a) Welcher?
- ☐ b) Welches?
- ☐ c) Wo?

↑S. 62 **85** Ist diese Aussage korrekt?
Die meisten Pronomen stehen vor dem regierten Substantiv oder Pronomen.
- ☐ a) Ja.
- ☐ b) Nein.

↑S. 57 **86** Adverbien wie *folglich, darum, dennoch* gehören zu den ...
- ☐ a) Modaladverbien.
- ☐ b) Kausaladverbien.
- ☐ c) Temporaladverbien.

↑S. 59 **87** In welchem Satz wird das Adverb als adverbiale Bestimmung benutzt?
- ☐ a) Sie ist sehr nett.
- ☐ b) Hier entstehen fünf Neubauten.
- ☐ c) Ich bin in spätestens zwei Tagen zurück.

↑S. 24 **88** Wodurch wird das Futur II im Deutschen häufig ersetzt?
- ☐ a) Durch das Präsens.
- ☐ b) Durch das sogenannte Ergebnisperfekt.
- ☐ c) Durch das Futur I.

89 Wie nennt man den ersten Bestandteil einer Wortzusammensetzung? ↑ S. 66

☐ a) Grundwort.
☐ b) Bestimmungswort.
☐ c) Basiswort.

90 Im Satz *Wir unterhielten uns vergnügt* steckt eine adverbiale Bestimmung ... ↑ S. 81

☐ a) des Mittels (Instrumentaladverbiale).
☐ b) des Grundes (Kausaladverbiale).
☐ c) der Art und Weise (Modaladverbiale).

91 Wann werden die Präpositionen *an, gegen, über, um* und *unter* zu den Adverbien gerechnet? ↑ S. 58

☐ a) Immer.
☐ b) Nie.
☐ c) Wenn sie bei einer Mengenangabe stehen.

92 Welche Art von Nebensatz liegt hier vor? *Auf eine Antwort hoffend(,) wartete sie auf den Anruf.* ↑ S. 88

☐ a) Ein Partizipialsatz.
☐ b) Ein Infinitivsatz.
☐ c) Ein Konjunktionalsatz.

93 Was ist eine Satzreihe? ↑ S. 86

☐ a) Hauptsatz + Nebensatz.
☐ b) Hauptsatz + Teilsatz.
☐ c) Hauptsatz + Hauptsatz.

94 Welche Funktion hat das Adverb *bald* im folgenden Satz? *Bald nach dem Vorfall ist sie weggezogen.* ↑ S. 59

☐ a) Attribut.
☐ b) Adverbiale Bestimmung.
☐ c) Feste Fügung.

↑ S. 67 **95** Wie nennt man die Stelle zwischen den Bestandteilen eines Kompositums?

- ☐ a) Wortzwischenraum.
- ☐ b) Wortmitte.
- ☐ c) Wortfuge.

↑ S. 61 **96** Präpositionen zwingen dem Wort, bei dem sie stehen, einen bestimmten Kasus auf. Wie sagt man dazu?

- ☐ a) Sie verletzen den Kasus.
- ☐ b) Sie regieren den Kasus.
- ☐ c) Sie reformieren den Kasus.

↑ S. 69 **97** Ableitungen, die vor dem Wortstamm ein Präfix und nach dem Wortstamm ein Suffix haben, nennt man ...

- ☐ a) Doppelderivationen.
- ☐ b) kombinierte Ableitungen.
- ☐ c) zweiteilige Ableitungen.

↑ S. 38 **98** In der Frage *Hätten Sie einen Moment Zeit?* steht das Verb im ...

- ☐ a) Indikativ.
- ☐ b) Konjunktiv I.
- ☐ c) Konjunktiv II.

↑ S. 87 **99** Eine Verbindung von zwei Teilsätzen, bei der der eine dem anderen untergeordnet ist, nennt man ...

- ☐ a) Satzreihe.
- ☐ b) Satzgefüge.
- ☐ c) Satzverknüpfung.

↑ S. 88 **100** Der Nebensatz in dem Satz *Ich glaube, dass ich mein Ziel erreiche* ist ein ...

- ☐ a) Relativsatz.
- ☐ b) Konjunktionalsatz.
- ☐ c) Infinitivsatz.

Lösungen

Einfach

1 c)	18 b)
2 b)	19 a)
3 a)	20 a)
4 c)	21 a)
5 a)	22 b)
6 a)	23 c)
7 b)	24 a)
8 a)	25 b)
9 a)	26 b)
10 b)	27 b)
11 a)	28 b)
12 b)	29 b)
13 c)	30 b)
14 c)	31 a)
15 b)	32 c)
16 c)	33 a)
17 c)	

Mittel

34 b)	52 c)
35 c)	53 b)
36 a)	54 a)
37 c)	55 b)
38 a)	56 a)
39 c)	57 c)
40 c)	58 c)
41 a)	59 a)
42 a)	60 b)
43 b)	61 a)
44 c)	62 c)
45 c)	63 a)
46 a)	64 b)
47 c)	65 a)
48 b)	66 b)
49 b)	67 a)
50 b)	68 a)
51 a)	69 a)

Schwer

70 b)	86 b)
71 a)	87 b)
72 c)	88 b)
73 a)	89 b)
74 c)	90 c)
75 b)	91 c)
76 c)	92 a)
77 a)	93 c)
78 a)	94 a)
79 b)	95 c)
80 a)	96 b)
81 a)	97 b)
82 b)	98 c)
83 a)	99 b)
84 c)	100 b)
85 a)	

Bibliografische Information der Deutschen Nationalbibliothek
Die Deutsche Nationalbibliothek verzeichnet diese Publikation in der Deutschen Nationalbibliografie; detaillierte bibliografische Daten sind im Internet über http://dnb.ddb.de abrufbar.

3., aktualisierte und erweiterte Auflage

Redaktionelle Leitung Heike Krüger-Beer
Redaktion Claudia Fahlbusch, Dr. Anja Steinhauer
Autoren Birgit Hock, Claudia Fahlbusch

Herstellung Annette Scheerer
Typografisches Konzept Horst Bachmann
Illustrator Peter Lohse, Büttelborn
Umschlaggestaltung Michael Acker

Satz Robert Turzer, Tübingen
Druck und Bindung Offizin Andersen Nexö Leipzig GmbH
Printed in Germany

F E D C B A

ISBN 978-3-411-70583-2

Schneller heller!

Das SMS – Schnell-Merk-System gibt es für alle wichtigen Schulfächer. Kostenlos zu den Bänden der 5. bis 10. Klasse: das Handy-Lernquiz mit jeweils 100 Testfragen zu den wichtigsten Themen.

Deutsch

- Deutsch Rechtschreibung
  ISBN 978-3-411-72543-4
- Deutsch Diktat
  ISBN 978-3-411-72503-8
- Deutsch Grammatik
  ISBN 978-3-411-70583-2
- Deutsch Aufsatz
  ISBN 978-3-411-70603-7

Fremdsprachen

- Englisch Grammatik
  ISBN 978-3-411-72513-7
- Englisch Vokabeltrainer
  ISBN 978-3-411-72632-5
- Französisch Grammatik
  ISBN 978-3-411-72523-6
- Französisch Vokabeltrainer
  ISBN 978-3-411-72642-4
- Latein Grammatik
  ISBN 978-3-411-70623-5
- Latein Vokabeltrainer
  ISBN 978-3-411-73082-7
- Spanisch Grammatik
  ISBN 978-3-411-70542-9

Methodik

- Clever lernen
  ISBN 978-3-411-70562-7

Mathematik

- Mathematik
  ISBN 978-3-411-70353-1

Naturwissenschaften

- Physik
  ISBN 978-3-411-72533-5
- Chemie
  ISBN 978-3-411-72493-2
- Biologie
  ISBN 978-3-411-72562-5

Geschichte

- Geschichte
  ISBN 978-3-411-70372-2

SMS auch fürs Abi! Mehr Infos unter:
www.schuelerlexikon.de

Stichwortfinder